LIGUE COLONIALE DE LA JEUNESSE

PROPAGANDE — ÉDUCATION — ASSISTANCE

PARIS — 44, rue de la Chaussée-d'Antin — PARIS

LA LIGUE COLONIALE DE LA JEUNESSE

Une Année d'existence

1897-1898

PARIS

44, rue de la Chaussée-d'Antin, 44

COMITÉ DE DIRECTION DE LA LIGUE COLONIALE DE LA JEUNESSE

Président : **M. Charles Noufflard**, Secrétaire de la Rédaction de la *Quinzaine Coloniale*, membre des Comités d'admission à l'Exposition Universelle de 1900.
Vice-Président : **M. René Jossier**, diplômé de l'École Supérieure de Commerce du Havre, élève de l'École des *Sciences Politiques*.
Secrétaire-général : **M. Raymond Tabournel**, licencié en droit.
Trésorier : **M. P. Chemin-Dupontès**, employé de la Compagnie Française de l'Afrique Occidentale.
Membre du Bureau : **M. E. Baillaud**, diplômé de l'École des *Sciences Politiques*.
Secrétaire-adjoint : **M. Toqué**, élève de l'*École Coloniale*.
Trésorier-adjoint : **M. M. Ruedel**, licencié ès lettres.
Membres du Comité : **M. Brunet**, Secrétaire de la Rédaction de la *Revue des Colonies et des Pays de Protectorat* ;
    M. Chermette, employé de la Compagnie de batelage et de charbonnage de Madagascar ;
    M. Dareau, employé de commerce ;
    M. Gibert, employé de commerce ;
    M. Gimpel, employé de commerce ;
    M. Grenard, élève de l'École des Sciences Politiques ;
    M. Guiraud, élève de l'École Nationale d'Agriculture de Grignon ;
    M. Régismanset, élève-major de l'*École Coloniale* ;
    M. de Thorey, étudiant en droit ;
    M. Trouillet, élève de l'*École Coloniale* ;
    M. Vuillet, élève de l'Institut National Agronomique.

COMITÉ DE PATRONAGE

La *Ligue Coloniale de la Jeunesse* n'a pas cherché, pendant sa première année d'existence, à constituer un *Comité de patronage* proprement dit.

Toutefois, elle est heureuse et fière d'avoir recueilli les encouragements ou l'appui des hautes personnalités suivantes :

MM. **Arenberg** (prince Auguste d'), Député, Vice-Président du Groupe colonial.
    Aymonnier, Directeur de l'École Coloniale ;
    Binger, Directeur de l'Afrique au ministère des Colonies ;
    Bonvalot, Directeur du Comité Dupleix ;
    Boutmy, Directeur de l'École des Sciences Politiques ;
    Chailley-Bert (J.), Secrétaire-général de l'*Union Coloniale Française* ;
    Charles-Roux (J.), ancien député, Président du Comité de Madagascar, etc. ;
    Coppée (François), de l'Académie française ;
    Chambrun (comte de), fondateur du Musée Social ;
    Delhorbe (C.), Secrétaire-général du Comité de Madagascar ;
    Depincé, Directeur du Service de l'Asie et de l'Océanie à l'Union Coloniale Française ;
    Develle, ancien Ministre ;
    Didon (Rév. Père), Directeur de l'École Louis-le-Grand ;
    Du Buit, Administrateur-délégué de la Société de la Dynamite française ;
    Dybowski (J.), Directeur de l'Agriculture en Tunisie ;
    Étienne (Eug.), Député, Président du Groupe colonial ;
    Estournelles (d'), Député ;
    Flandin (E.), ancien Député ;
    Funck-Brentano, Professeur à l'École des Sciences Politiques ;
    Henrique (Louis), Député ;
    Houdas, Professeur à l'École des Langues Orientales et à l'École des Sciences Politiques ;
    Hourst (commandant), lieutenant de vaisseau ;
    Hulot (baron), Secrétaire-général de la Société de Géographie de Paris ;
    Gauthiot, Secrétaire-général de la Société de Géographie Commerciale ;
    Guy (Camille) Chef du Service géographique et des Missions au ministère des Colonies ;
    Lebon (André), ancien Ministre des Colonies ;
    Le Cesne (J.), Administrateur-délégué de la Compagnie Française de l'Afrique occidentale ;
    Leroy-Beaulieu (A.), membre de l'*Institut* ;
    Lévy (Raphaël-Georges), Professeur à l'École des Sciences Politiques ;
    Levasseur, membre de l'Institut ;
    Marcel-Dubois, Professeur de Géographie coloniale à la Faculté des Lettres de Paris ;
    Mercet (E.), Président de l'Union Coloniale Française ;
    Michel (Georges), publiciste ;
    Milhe-Poutingon, Directeur de la *Revue des Cultures Coloniales* ;
    Orléans (prince Henri d') ;
    Pila (Ulysse), membre de la Chambre de commerce de Lyon ;
    Piolet (Père), S. J., ancien missionnaire à Madagascar.
    Prevet (Charles), Sénateur ;
    Rambaud (Alfred), sénateur, ancien Ministre ;
    Roume Directeur de l'Asie, de l'Amérique, et de l'Océanie, au ministère des Colonies ;
    Siegfried (J.), Sénateur, ancien Ministre ;
    Simon (S.), Directeur de la Banque de l'Indo-Chine ;
    Sorel (Albert), de l'Académie française ;
    Toutée (commandant) ;
    Treille (Dr), ancien inspecteur général du Service de santé des Colonies ;
    Zolla (Daniel), professeur à l'École d'Agriculture de Grignon et à l'École des Sciences Politiques.

LIGUE COLONIALE DE LA JEUNESSE

PROPAGANDE — ÉDUCATION — ASSISTANCE

PARIS — 44, rue de la Chaussée d'Antin — PARIS

LA LIGUE COLONIALE DE LA JEUNESSE

Une Année d'existence

Voici que la *Ligue Coloniale de la Jeunesse* arrive au terme de sa première année d'existence. C'est le moment de jeter un regard en arrière et de se demander dans quelle mesure elle a rempli son programme : C'est aussi le moment, en s'aidant de l'expérience acquise au cours de cette première année, d'affirmer, avec plus de force et de netteté, quelle doit être son œuvre de demain, de préciser son but et son fonctionnement.

Cette tâche doit nous être facile. En fondant la *Ligue Coloniale de la Jeunesse*, nous avions renfermé son programme dans les trois termes de cette devise : **PROPAGANDE, ÉDUCATION, ASSISTANCE.** Qu'est-ce que nous entendions par là ? Qu'avons-nous fait pour répondre à ces trois idées directrices ? C'est ce que nous allons examiner en détail.

LA PROPAGANDE

Lorsque, au mois de juin de l'année dernière, deux lycéens nous apprirent qu'ils avaient songé à grouper un certain nombre de leurs camarades, pour étudier en commun les débouchés que les colonies seraient susceptibles de leur offrir au terme de leurs études, nous fûmes frappés de l'intérêt qu'il y aurait à généraliser cette idée, à répandre cette préoccupation dans tous les milieux où la jeunesse étudie et se prépare à la vie.

Puisque ces deux lycéens avaient réussi à enrôler dans les cadres de l'*Association de la Jeunesse française pour l'Expansion coloniale*, fondée par eux en 1895, environ trente de leurs camarades, pourquoi nous, les jeunes de l'*Union Coloniale française*, ne parviendrions-nous pas à rassembler, sous la bannière de la *Ligue Coloniale de la Jeunesse*, tous les jeunes Français que l'idée d'aller aux colonies est susceptible d'attirer?

La meilleure pierre de touche du goût et de l'aptitude des générations nouvelles pour la colonisation ne serait-elle pas, pour les hommes qui ont mis toutes leurs espé-rances dans ce mouvement, de les voir s'organiser spontanément pour l'entreprendre, dans un bel élan d'initiative et de virilité ? Cette raison nous a décidés.

Le 11 juillet 1897, date de sa constitution, la *Ligue Coloniale de la Jeunesse* comprenait les trente membres de l'Association de la Jeunesse française pour l'expansion coloniale. Le 11 juillet 1898 elle compte 305 membres, dont on trouvera plus loin la liste.

Ce résultat est significatif. Il le paraît encore plus si on envisage la façon dont il a été obtenu. La difficulté, en effet, ne serait pas considérable, avec une active propagande et des lieutenants dévoués, de trouver quelques centaines d'adhésions pour une association comme la nôtre.

Mais un concours de circonstances nous a protégés contre les dangers d'une propagande ainsi entendue. Au moment, en effet, où notre article programme paraissait dans la *Quinzaine Coloniale* (n° du 25 juillet 1897), le mouvement que nous avions voulu créer éclatait de toutes parts.

Est-il besoin de rappeler ici les conseils adressés par M. le Président de la République aux commerçants de Valence dans une allocution qui se terminait par ces mots : « Envoyez vos fils au dehors » et les discours si commentés du R. P. Didon à Arcueil, de M. Bonvalot au Havre, etc. ?

Notre idée, exposée dans la *Quinzaine Coloniale* bénéficia de ce fait, d'une publicité considérable et sur laquelle nous n'avions pas compté. On vint nous voir ; des lettres, des adhésions spontanées nous parvinrent.

Ces circonstances encourageantes nous dictèrent notre ligne de conduite pour l'avenir. Laisser les adhésions se manifester librement, normalement, par la seule puissance de l'autorecrutement, afin de n'introduire dans la Ligue que des jeunes gens déterminés à faire œuvre personnelle de colonisation et à en étudier les moyens, voilà la règle que nous avons suivie dès le début et dont nous ne nous sommes pas départis un instant.

La propagande proprement dite a été, en somme, pendant cette première année d'existence, notre effort le plus modeste.

Un article au mois de juillet, une circulaire au mois d'octobre, une conférence au mois de décembre, — pour laquelle M. Marcel Dubois avait bien voulu nous prêter son concours et consacrer en quelque sorte notre œuvre naissante en lui accordant son précieux parrainage — et, depuis, quelques lettres, tel est le bilan de notre propagande. Nous nous en félicitons, car les membres qui se sont groupés autour de nous constituent, de ce chef, une expérience bien plus intéressante.

***

Prenons quelques exemples : Peu de temps après la formation de la Ligue, un élève de l'*Institut agronomique* M. D..., qui avait appris notre existence par la *Quinzaine Coloniale*, vient nous trouver. Nos idées, nos projets le déterminent à nous donner son adhésion. A son tour, il décide une dizaine de ses camarades de l'Institut agronomique à suivre son exemple.

A la même époque, et dans des circonstances analogues, un élève de l'École de Commerce du Havre nous rend visite. Non seulement il nous donne son adhésion, mais il entreprend la formation d'un groupe de la Ligue au Havre qui renferme actuellement 36 membres. Il en va de même pour un groupe important d'élèves de l'École coloniale.

Plus récemment, et à la suite de l'envoi de notre programme aux présidents des élèves des Écoles nationales d'Agriculture, il s'est formé à l'École de Grignon un groupe de 30 membres et à l'École de Rennes un groupe de 40 membres.

On lira plus loin les comptes-rendus émanant des présidents de ces différents groupes.

D'autres sont en formation, à Lyon, où la Ligue compte 12 membres, à Caen, à Reims, à Rouen, etc.

A Londres, 7 jeunes Français trouvent dans les questions coloniales, et grâce à la Ligue qui les a mis en rapport, un prétexte pour se réunir.

Dans toutes ces circonstances nous avons assisté à des mouvements spontanés, dus au hasard d'une lecture ou d'une conversation et, nous devons le reconnaître, la propagande, qui est un des termes de notre programme, s'est effectuée cette année, en grande partie, par la force des choses. C'est un symptôme caractéristique du courant qui existe aujourd'hui parmi la jeunesse en faveur des questions coloniales.

***

Ce courant, nos efforts ne tendront pas à le renforcer mais à le diriger.

Nous appuyant sur notre expérience et les résultats acquis, nous pouvons actuellement définir d'une façon très nette ce que nous entendons par *propagande*.

Nous ne nous proposons pas de prêcher la cause de l'expansion coloniale. Il n'y a peut être aujourd'hui déjà que trop de jeunes gens, imbus d'idées très vagues — que l'intense mouvement colonial de ces douze derniers mois a éveillées dans leur esprit — pour rêver de trouver dans les colonies un débouché à une activité, parfois insuffisante pour la tâche qu'elle se propose.

Nous ne voulons pas davantage grossir artificiellement les listes de la Ligue en cherchant à cueillir tous ces aspirants colons par une propagande individuelle.

Ce que nous désirons, c'est répandre d'une façon générale le programme de la Ligue, afin d'offrir, à tous ceux qui ont véritablement le désir d'aller aux colonies, le moyen d'éprouver et d'affermir leur vocation.

Nous arrivons ainsi au second terme de notre programme :

L'ÉDUCATION

Le danger de l'intensité du mouvement colonial actuel c'est, en effet, d'éveiller des vocations coloniales chez des jeunes gens profondément ignorants de la façon de les poursuivre avec profit. Si on ne les guide pas, les efforts déployés aboutiront dans un grand nombre de cas, soit à un lamentable avortement, soit à un échec partiel qui rendra stériles tous les sacrifices.

Car les jeunes gens qui veulent affronter la vie rude du colon, si nouvelle pour nous après la longue éclipse de nos traditions, ont deux redoutables obstacles à envisager et à vaincre : les préjugés de leurs parents, de leurs amis, du monde au milieu duquel ils vivent ; leur inexpérience des conditions nouvelles de l'existence qu'ils aspirent à mener.

Et, d'abord, il y a les préjugés sociaux, la sollicitude inquiète des familles. Que de projets, que de carrières ont avorté, par suite de cette tendresse trop irraisonnée des parents ? Est-ce à dire que l'on doit s'insurger contre un état de choses si respectable en soi et dont l'éducation nationale est responsable ?

Personne de nous n'y songe, mais nous voulons rendre

ce sentiment moins exigeant, moins exclusif, en le rassurant.

Pour désarmer l'opposition des parents, dissiper les préjugés, atténuer le sacrifice douloureux des séparations, il faut offrir certaines garanties, ne pas partir à l'aventure, brusquement, mais se préparer à la carrière de colon autant, et peut-être plus, que pour aucune autre, tout en familiarisant les siens, au cours de cette préparation, à l'idée d'en accepter un jour les conséquences.

Le jeune homme doit apprendre — et cela le plus tôt possible — que c'est de lui, et de lui seul, que doit dépendre le consentement et l'appui nécessaires à son départ et à son établissement aux colonies.

Si ses parents voient qu'il étudie, si, en étudiant, sa personnalité et sa vocation s'affirment, ils accéderont plus volontiers à son désir.

***

Prêcher l'expansion coloniale aux parents est vain, ou tout au moins insuffisant. Ils ne prendront jamais leurs fils par les épaules pour les pousser dehors. Penchés sur le berceau de leur enfant, ils ne songeront jamais à en faire un colon comme ils rêvent d'en faire un soldat, un prêtre, un avocat ou un médecin. — Cela n'est pas dans les mœurs de la famille française et il est inutile d'essayer de réformer sur ce point les générations actuelles, tout imprégnées de cet esprit contre lequel une sorte de croisade est entreprise par les esprits les plus éminents de notre époque. Si une réforme est possible, c'est par les générations nouvelles qu'elle sera accomplie. Voilà pourquoi nous avons jugé nécessaire et opportun de provoquer un groupement de jeunes gens pour se pénétrer de ces idées et en tenter l'application.

Les uns y puiseront l'inspiration nécessaire pour agir en vue de leur propre départ. Tous contracteront l'habitude des idées nouvelles et ceux qui ne partiront pas eux-mêmes seront du moins préparés à faciliter l'œuvre de colonisation des générations à venir. Voilà une des idées essentielles que nous voulons répandre.

Mais cette éducation coloniale comporte plusieurs degrés.

Le premier, c'est l'éducation du caractère. En cherchant très jeune à mériter pour ses projets l'approbation des siens, le membre de la Ligue aura à déployer ces qualités de ténacité et d'esprit de suite d'où dépendent les succès éventuels du colon. En s'appliquant à déraciner les préjugés de son entourage par la saine confiance qu'il devra inspirer sur sa façon de préparer son existence future, il montrera qu'il est capable de défricher et de transformer les terres vierges sur lesquelles il veut aller dresser sa tente. Mais ce n'est pas seulement à ce point de vue que nous avons l'ambition d'agir sur notre génération.

Par suite de son renouveau et de son intensité, tout à la fois, le mouvement de propagande coloniale attire des recrues dont la plupart sont dépourvues de la plus élémentaire formation. La soudaineté du mouvement explique

et excuse cet inconvénient. « Partez aux colonies », crie-t-on de toutes parts. Des gens se sont levés en grand nombre pour répondre à cet appel, et ils ont dit : « Nous avons nos bras et notre énergie, envoyez-nous n'importe où ».

Si l'on ne veut pas que la colonisation tourne à l'aventure, si l'on veut qu'elle produise des résultats abondants et sérieux, il est de toute nécessité de transformer cet état de choses et, pour cela, il ne suffit pas de dire à la jeunesse : ayez de la bonne volonté, de l'énergie, voire même du caractère.

D'abord parce que la plupart des candidats qui se présentent dans ces conditions ne trouveront pas l'occasion de partir ; ensuite parce que ceux qui partiront courront de trop grands risques. La déception des uns et des autres serait à la fois redoutable pour l'avenir de la colonisation et pénible pour les intéressés.

Il est bien évident qu'au début, la propagande coloniale ne pouvait s'attarder aux distinctions et ceux qui, cédant aux premiers enthousiasmes, sont partis, ont bien fait. D'abord parce que les ressources personnelles dont ils étaient pourvus et sans lesquelles ils n'auraient pas pu partir, leur assurent des chances de succès. Ensuite parce que leur exemple est une indication des éléments sur lesquels la cause coloniale a le droit de fonder des espérances.

Mais ce premier résultat obtenu, il est indispensable pour assurer plus de garanties aux hommes disposés à engager leur activité personnelle et leurs capitaux, et surtout pour opérer une sélection et répondre aux aspirations innombrables de ceux qui demandent à exploiter les capitaux d'autrui dans des entreprises coloniales, d'insister sur la nécessité d'une préparation à la vie coloniale et d'organiser les moyens de l'acquérir.

Cette préparation comporte deux phases : *l'éducation coloniale générale* et *l'éducation spéciale et technique*.

L'éducation générale, en révélant les aptitudes comme aussi les insuffisances, permettra d'opérer un premier triage parmi les candidats colons. « Nous avons nos bras et notre énergie et nous sommes prêts à partir aux colonies, n'importe où », cette formule revient tous les jours dans les lettres que reçoivent le ministère des Colonies et des Sociétés telles que l'*Union Coloniale*, le *Comité Dupleix*, le *Comité de l'Afrique Française*, la *Société de Géographie Commerciale*, la *Société d'Encouragement pour le Commerce d'exportation*, etc.

Le moment est venu de démontrer l'absurdité de cette prétention. Il suffit pour la détruire de posséder les notions les plus élémentaires de la géographie économique et climatérique de nos colonies. A ce double point de vue, chacune de nos possessions exige de la part de ses futurs colons un certain nombre d'aptitudes et de conditions générales déterminées et c'est la moindre et la première des choses de se demander, avant de songer à aller aux colonies, si on les réunit. Physiquement, est-on propre à la vie coloniale ? Même affirmative, la réponse comporte des variantes, et il est indispensable de connaître la classification de nos colonies sous ce rapport. Cela encore ne suffit pas, et avant de se dire prêt à partir, il faut se préoccuper non seulement du choix d'une colonie, mais de la région que l'on veut habiter, de sa sécurité et de son degré de salubrité, des ressources qu'elle présente au point de vue de l'entreprise que l'on a en vue, du transport, de l'équipement, du coût de l'existence, de la main-d'œuvre, etc., autant de notions faciles à acquérir et qui devraient être la première épreuve de toute velléité de vocation coloniale.

Cette première période d'instruction suffira, nous en sommes convaincus, pour opérer une sélection entre les candidats colons. Parmi ceux qui se déclarent prêts à tout combien n'y en a-t-il pas qui reculeront devant la perspective d'un avenir et d'une besogne nettement déterminés et qui comprendront qu'il y a loin de la coupe aux lèvres.

Le vague des formules est une excuse derrière laquelle s'abrite trop souvent la faiblesse des caractères et des résolutions. Il faut arrêter, dès le début, tous ceux qui seraient susceptibles de voir tomber, avec leur ignorance des choses coloniales, la première ardeur de leurs vocations indéterminées. Des connaissances sommaires sur l'ensemble de notre empire colonial et sur les conditions particulières de la colonisation dans chacune d'elles, suffiraient pour apporter une profonde et salutaire transformation dans les idées de ceux — et chaque jour leur nombre augmente — que l'on pourrait appeler les aspirants de la colonisation.

Cela fait, il ne leur manquera plus, pour devenir de parfaits colons, que de se *spécialiser* dans la voie qu'ils auront choisie.

⁕⁕⁕

Ce sont là d'ailleurs des idées qui, depuis quelque temps, ont été placées au premier rang des préoccupations d'ordre colonial.

M. J. Chailley-Bert notamment a contribué pour une grande part à tracer ce plan logique de la colonisation. Après avoir montré que nos colonies sont pour la plupart à *l'âge de l'agriculture*, — l'agriculture devant y créer, par l'exportation de ses produits, la richesse nécessaire à leur développement économique — il a mené une fructueuse campagne sur les conditions de préparation que doivent réunir les futurs colons agricoles et les moyens de leur procurer cette instruction indispensable.

Cette campagne menée par M. J. Chailley-Bert sous diverses formes depuis un an, a été inspirée par les impressions qu'il a recueillies au cours d'une récente mission dans les Indes Néerlandaises. Java est, avant tout, une colonie agricole et l'agriculture tropicale y a atteint un développement et un degré de perfection qui n'ont été surpassés nulle part ailleurs. M. Chailley-Bert a étudié la genèse de ces grandes plantations de café, de thé, de tabac, d'indigo, etc., et songeant à toutes les ressources analogues que nos colonies offrent à ce point de vue il s'est demandé ce qui nous manque pour en tirer parti à l'exemple des Hollandais. Sa réponse est bien simple. Les capitaux hollandais sont attirés vers les entreprises coloniales et ces entreprises réussissent parce que l'on trouve des hommes admirablement préparés pour tirer parti des capitaux de de la Métropole et des ressources naturelles de la colonie. A côté des exploitations de l'Etat, à coté des exploitions particulières, il existe d'immenses plantations fondées par actions et dirigées par des *spécialistes* hors de pair possédant une connaissance approfondie de la culture spéciale qu'ils sont chargés d'entreprendre.

C'est là, s'écrie M. Chailley-Bert, ce qui nous fait défaut. Nous avons des capitaux en abondance, les ressources naturelles de certaines de nos colonies ne le cèdent en rien à celles de Java. Ce qui manque, ce sont les intermédiaires compétents, capables d'inspirer confiance aux capitalistes et de tirer bon parti des entreprises qui leur seront confiées.

Sans cette classe de colons, la colonisation ne peut-être qu'une tentative limitée et aléatoire. La colonisation ne sera ouverte qu'à ceux possédant des ressources suffisantes pour entreprendre à leur compte une exploitation et, comme ceux-ci seront le plus souvent dépourvus des connaissances techniques nécessaires au succès, il est vraisemblable qu'après un certain nombre d'expériences leur nombre ira en diminuant; la proportion de ceux qui réussiront dans ces conditions ne devant vraisemblablement pas être assez forte pour déterminer de nombreux imitateurs. Et M. Chailley-Bert conclut « *Faites des spécialistes* », cela est nécessaire pour attirer aux colonies la collaboration des capitaux qui seuls peuvent assurer leur essor définitif et procurer des situations à une foule de jeunes hommes ne possédant pas de ressources personnelles ; « *soyez tous spécialistes avant de partir aux colonies* », car combien même vous eussiez le capital nécessaire pour vous établir à votre compte, votre argent ne fructifiera la plupart du temps que sous l'influence d'une direction qui suppose un apprentissage du métier auquel on l'applique.

Après avoir démontré la nécessité de *faire des spécialistes* M. Chailley-Bert s'est attaché à faire ressortir comment on pouvait y arriver. Il a consacré à cette question une série d'articles sous le titre *l'éducation* et les *colonies*. M. Chailley-Bert y développe tout un programme. Il s'est rencontré sur ce terrain avec des hommes tels que Jules Lemaitre, Bonvalot, et, sauf quelques divergences de détail, ces hommes, et beaucoup d'autres qui les suivent et les approuvent, sont unanimes à demander que l'instruction secondaire soit simplifiée, l'éducation morale et physique développée et à réclamer la création d'un enseignement technique agricole et commercial, pour les colonies.

⁕⁕⁕

La Ligue Coloniale de la Jeunésse tient à s'inspirer de ces préoccupations et de ce programme. A coté de l'Etat, auquel on les propose, il nous paraît que, sans sortir du domaine de l'initiative privée, nombreuses sont les sphères où ils peuvent exercer leur influence.

Une de ces sphères est du ressort de la *Ligue Coloniale de la Jeunesse* et n'est-il pas encourageant de voir des jeunes gens se liguer pour réaliser dans une certaine mesure ce programme d'éducation coloniale que des voix si autorisées réclament pour eux ?

Pour comprendre quelle a été sous ce rapport notre tentative, nous renvoyons nos lecteurs à la liste de nos membres, aux comptes rendus de nos sections et de nos groupes de province.

Ils verront apparaître avec quel souci nous nous sommes efforcés de façonner nos candidats colons suivant les idées qui viennent d'être exposées.

C'est ainsi que le nom de la plupart des adhérents de la Ligue est suivi d'une courte statistique résumée d'après les questionnaires que nous leur faisons remplir, et indiquant d'une part leurs aptitudes, de l'autre leurs desiderata. Et voilà d'un coup une phalange de jeunes gens qui dépasse de cent coudées cette armée de candidats colons dont les dossiers remplissent les cartons du Ministère et de toutes les Sociétés coloniales et pour lesquels il n'y a rien à faire pour la bonne raison qu'ils ne demandent rien de particulier, se croyant aptes à tout.

Parmi les membres de la Ligue rien de semblable. Chacun marque sa préférence pour un ordre de colonies et d'occupations nettement indiqué. De la sorte ils permettent de voir ce qu'il est possible de faire pour eux. C'est une question sur laquelle nous reviendrons tout à l'heure.

L'établissement de cette liste d'ailleurs n'a pas été l'œuvre d'un jour et ce n'est pas du premier coup que plusieurs de nos membres sont arrivés à indiquer vers quelle colonie ils désirent partir plus tard, dans quelle qualité et le métier qu'ils prétendent exercer. La plupart d'entre eux sont venus à nous précisément pour se documenter sur ces différents points. D'autre espéraient des situations immédiates, ne comprenaient pas la nécessité d'attendre et de se préparer. Nous avons écarté ces candidats auxquels nous ne pouvions offrir aucun avantage.

Nous avons cherché au contraire, pour les jeunes gens de la première catégorie, à faire de la Ligue une Ecole où ils pourraient puiser, jusqu'à un certain point, la documentation si nécessaire à la direction de leurs bonnes volontés.

***

Commençant notre effort par Paris, où nos premiers membres se trouvaient presque tous groupés, nous leur avons d'abord procuré et distribué des cartes pour la plupart des conférences coloniales organisées par des sociétés telles que l'Union Coloniale française, le Comité Dupleix, la Société de Géographie commerciale, la Société des Ingénieurs coloniaux, la Société d'Encouragement pour le commerce d'Exportation, etc. Puis, grâce à la bienveillante autorisation de l'Union Coloniale, nous leur avons ouvert les portes de la bibliothèque de cette Société. Depuis le mois d'octobre, il ne se passe guère de jour sans qu'un ou deux membres de la Ligue ne vienne consulter les ouvrages réunis par l'Union Coloniale. Petit à petit, nos membres parvenaient, grâce à ces procédés et à leur propre initiative à acquérir quelques notions utiles.

Nous avons voulu faire plus. Nous avons voulu créer un contact entre les membres de la Ligue, stimuler leur zèle et peut être même favoriser leurs projets par l'éducation mutuelle et la fréquentation les uns des autres. Nous avons voulu introduire plus de méthode dans l'enseignement que nous ambitionnons de leur donner et en même temps rendre cet enseignement aussi efficace que possible en mettant nos membres en rapports familiers avec des hommes connaissant bien les colonies et pouvant leur communiquer des impressions vécues.

Le nombre et la composition de la Ligue au commencement de cette année nous a permis de développer sur ce point notre programme. Nous avions à cette époque un groupe de douze adhérents appartenant à l'Institut Agronomique. Nous avions des élèves des Écoles de Commerce et des employés. Nous avions enfin 25 membres parmi les élèves de l'École Coloniale.

Avec ces éléments nous avons formé trois sections : une section *agricole*, une section *commerciale* et une section *générale*. Ajoutons que grâce à de nouveaux concours nous espérons organiser à la rentrée une section *industrielle* et une section *militaire*. On verra plus loin la composition des bureaux de ces sections. On lira également le compte rendu sommaire de leurs travaux. Chaque section se réunit une fois par mois, le soir, dans une salle mise à notre disposition par l'Union Coloniale française. De trente environ au début, le nombre des auditeurs actuellement dépasse cinquante. Tous sont assidus et attentifs. C'est que nous avons eu la bonne fortune de trouver des hommes qui ont compris notre pensée et qui ont bien voulu distraire un peu de leur temps pour revivre, devant une jeunesse avide d'apprendre et de se renseigner, quelques souvenirs de leur vie coloniale et lui prodiguer des conseils autorisés par une expérience personnelle et des observations recueillies sur place.

Qu'il nous soit permis d'adresser ici nos plus reconnaissants remercîments à nos conférenciers de cette année : MM. Marcel Dubois, J. Dybowski, Pierre Mille, Clément Delhorbe, comte de Barthélemy, Moriceau, Ruedel, Camille Guy, dont les noms seuls disent la compétence.

***

Ce que nous sommes parvenus à organiser, à Paris, notre ambition a été ensuite de l'étendre à la province.

D'abord répandre notre esprit parmi les jeunes désireux de partir pour les colonies : à savoir qu'il dépend de leur énergie de rendre cette détermination acceptable à leur famille. Ensuite mettre en garde ces jeunes gens à leur tour contre les entraînements de leur propre imagination ; leur fournir les moyens de lire, de se renseigner. Pour atteindre pleinement ce but, il faudrait pouvoir faire pénétrer notre programme dans tous les collèges et lycées, dans toutes les Écoles supérieures de France, y intéresser maîtres et élèves et étendre notre action à toutes les associations de jeunes gens se rattachant à ces diverses institutions. Par ce moyen on pourrait arriver à constituer dans toutes les grandes villes des groupes constitués à l'exemple de celui de Paris et capables, grâce aux forces et aux ressources qui seraient mises en commun, de constituer une bibliothèque coloniale, d'organiser des conférences pratiques et d'agir enfin par leur nombre et par leur autorité sur les pouvoirs publics pour la rapide création d'un enseignement technique pour les futurs colons.

C'est là une pensée très ambitieuse. Nous ne désespérons pas de la réaliser un jour. En attendant, et pour faire quelque chose, nous avons réduit notre programme à des proportions plus modestes. Nous nous sommes bornés à chercher, et souvent des circonstances fortuites nous ont guidé, des délégués pénétrés de notre esprit dans quelques villes de province. Déjà nous en avons à Bordeaux, Caen, Le Havre, Lyon, Marseille, Rennes, Reims, etc., noyaux des groupes futurs.

Sur certains points nos efforts ont été déjà complètement couronnés de succès, grâce à la cohésion de certains éléments, grâce surtout au zèle et à la foi ardente que nous avons rencontrés chez ceux qui furent les organisateurs de nos premiers groupes de province; ceux du Havre et des Écoles d'Agriculture de Grignon et de Rennes.

Pour tout ce qui concerne l'organisation de ces groupes, leur fonctionnement, le but qu'ils se proposent, je laisse la parole à ceux qui les dirigent. On lira plus loin leurs comptes rendus.

Nous voici arrivés au terme de cette trop longue étude consacrée au point le plus important du programme de la Ligue, l'éducation de la jeunesse coloniale. Nous avons exposé nos idées — empruntées, d'ailleurs en grande partie à nos maîtres, M. Chailley-Bert, M. Jules Lemaitre, M. Bonvalot, M. Hugues Le Roux, le Père Didon, le Père Piolet, etc. — sur ce que doit être cette éducation. Nous avons montré aussi ce que la Ligue avait tenté de faire pour se conformer à ce programme.

Résumons-nous. La jeunesse qui veut aller aux colonies doit s'affirmer elle-même. L'impulsion a été donnée, c'est à nous qu'il appartient maintenant de créer le véritable et effectif mouvement d'expansion coloniale ne répondant à l'appel de nos aînés. Pour cela nous demandons à nos adhérents de faire preuve de caractère, de provoquer le consentement de leurs parents. Voilà un premier point. C'est l'esprit de la Ligue. Nous voudrions l'insuffler à toute la jeunesse française. Non pas, certes, dans l'espoir d'inspirer à tous le désir de coloniser. Mais pour prévenir à temps tous ceux chez lesquels pourrait s'éveiller ce désir plus tard et trop tard. Car c'est là encore un point important de notre programme. Les jeunes gens que nous voulons atteindre sont ceux qui se trouvent encore en cours d'étude. Ce sont les seuls vrais bons éléments, les seuls qui soient à même de se préparer à la vie de colons.

Jusqu'à présent les jeunes gens qui s'offrent sont ceux qui, après avoir terminé des études parfois très avancées — ce sont même surtout ceux-là, les docteurs en droit, les médecins, les diplomés des grandes Écoles d'agriculture, de Commerce etc. — ne trouvent pas dans la Métropole des débouchés en rapport avec leurs titres. A ceux-là la colonisation apparaît comme une terre promise, ils rêvent d'une situation et de résultats immédiats après leur trop longue attente. Quelle garantie ces recrues, sans préparation et sans patience, offrent-elles aux colonies, et surtout comment les utiliser? Ils ont manqué le train. Quoiqu'il en soit, à de rares exceptions près, la Ligue ne peut rien pour eux. Ceux qu'elle recherche ce sont les jeunes gens de 16 à 20 ou 22 ans, susceptibles, non pas seulement de se pénétrer de cet esprit pratique avec lequel il convient d'aborder la colonisation, mais encore de s'y préparer s'ils se sentent du goût pour elle et de s'y adapter plus tard.

A ces jeunes gens, qu'un esprit commun de volonté et de persévérance devra animer, nous voulons donner en outre les moyens de contrôle et d'information.

C'est pour accomplir cette tâche que nous leur avons ouvert les portes des bibliothèques, indiqué les sources de la science et des renseignements, convié à des conférences, organisé des sections et des groupes provinciaux.

Par ces moyens, par ces travaux effectués en commun, nos membres peuvent atteindre le second degré de l'éducation, les connaissances générales qui leur permettront de choisir une colonie, de discerner un métier.

Il leur manquera encore quelque chose, ce sera, pour la plupart, les ressources pour se transporter dans la colonie et les connaissances spéciales suffisantes pour y exercer le métier de leur choix. Cela, la Ligue ne peut l'offrir à ses membres, du moins à la presque totalité d'entre eux. Nous verrons en effet tout à l'heure, en traitant du dernier point de notre programme — l'assistance — ce qu'il nous a été donné de faire sous ce rapport.

Mais, même en ce qui concerne cette préparation finale par l'enseignement technique et sa consécration définitive par l'établissement du candidat colon dans une de nos possessions, l'œuvre d'éducation accomplie par la Ligue dans la mesure de ses moyens ne sera pas vaine.

D'une part, en effet, grâce à l'expérience que nous avons tentée, on saura, désormais, de source certaine — il suffit pour cela de consulter la liste de nos membres — qu'il existe, notamment dans nos écoles nationales d'agriculture, une forte proportion de jeunes gens désireux de trouver un débouché aux colonies. Niera-t-on qu'il y ait là un puissant argument pour hâter l'organisation de cet enseignement agricole colonial dont nous parlions tout à l'heure? Quelle excuse y aurait-il pour en différer la création puisque sa nécessité a été amplement établie par les autorités coloniales les plus compétentes et que notre tentative est là pour prouver que les éléments existent, qu'ils attendent, en plus grand nombre qu'on aurait pu le supposer.

D'autre part les capitalistes à leur tour ne seront-ils pas touchés en parcourant la liste de nos membres où, après chaque nom, figurent tant de garanties reposant sur les connaissances acquises et des indications si nettes sur les aspirations de chacun ? Ne méritent-ils pas qu'on leur accorde quelque crédit pour aller fonder des entreprises lointaines qui, sans parler du prestige de la France, accroîtront sa force et ses richesses, ces jeunes gens qui tiennent à prendre date pour bien marquer la fermeté de leurs vocations, qui constituent des ressources communes pour l'achat de livres et dont les loisirs sont consacrés à apprendre ce qu'ils peuvent, tout ce qu'ils peuvent de questions qui, par leur nouveauté et l'éloignement de leur objet, offrent encore tant d'incertitude à l'esprit d'une jeunesse avide de données pratiques ?

Que reste-t-il à faire pour hâter ce mouvement, pour former jusqu'à la perfection nos candidats colons et que les capitalistes s'en emparent aussitôt?

Il faut rendre plus sensible et étendre davantage l'œuvre d'éducation qu'une Société comme la nôtre est capable d'accomplir auprès de la jeunesse.

C'est pourquoi, après avoir exposé notre programme et résumé ce que nous avons fait pour le réaliser, nous voulons profiter de ce premier anniversaire et de nos résultats acquis, pour indiquer ce que nous désirons atteindre encore et lancer au moyen, de cette circulaire, un appel.

Des bibliothèques, des conférences pratiques sur les colonies par des hommes qui les connaissent cela est bien, l'organisation existe à Paris, il faut maintenant la répandre dans toutes les grandes villes de France.

D'autre part, le groupement de 20, 30, 100 jeunes gens dans un commun désir de faire de la colonisation, ne doit pas se borner à emprunter au principe d'association les moyens d'acheter des livres et d'organiser des conférences. Un enseignement et un entraînement mutuels s'imposent. Pourquoi ceux qui savent l'anglais et l'allemand ne l'apprendraient-ils pas aux autres et de même de la comptabilité, de la géographie, etc., toutes notions fort utiles à de futurs colons, à des commerçants surtout? Pourquoi dans les centres où des groupes agricoles pourraient être plus particulièrement constitués, les adhérents ne profiteraient-ils pas de la moitié des cotisations que nous abandonnons aux groupes provinciaux, — et cela serait très facile à Grignon, à Rennes, à Montpellier, à Beauvais, etc. — pour monter une forge et une menuiserie où ils feraient un apprentissage manuel de métiers qui leur seraient précieux plus tard dans la brousse ?

Enfin, partout où il y aurait un groupe de 10 à 20 jeunes gens du même âge affiliés à la Ligue, pourquoi n'organiseraient-ils pas, en commun, des exercices physiques bien réglés, marche, équitation, natation, canotage, escrime, gymnastique et quelques-uns de ces jeux si en honneur parmi la jeunesse d'Outre-Manche : *foot ball*, *cricket*, *golf*. où leurs corps et leurs volontés s'entraîneront à mieux affronter les fatigues et les nécessités de la vie coloniale.

D'ailleurs, si cette organisation autonome est trop compliquée, ne suffirait-il pas, pour atteindre ce but, de demander aux Chambres de commerce et aux Conseils municipaux d'adjoindre aux institutions existantes (écoles professionnelles, cours commerciaux, Association polytechnique, cours d'adultes, etc.), une section coloniale, ou d'autoriser les jeunes gens munis d'une carte de la Ligue à suivre les cours? Ne pourrait-on pas choisir même certains professeurs spéciaux parmi les membres de la Ligue? De même pour les métiers manuels et les exercices, en dehors des grandes écoles ou une organisation spéciale peut être établie, pourquoi les membres de la Ligue ne s'affilieraient-ils pas aux Sociétés existantes de gymnastique, de tir, etc ?

C'est là un aspect de l'éducation coloniale auquel nous ne nous sommes pas encore appliqués. Ce sera la tâche de l'année qui s'ouvre devant nous. Mais la sphère de notre action personnelle est Paris et Paris est la ville qui se prête le moins à des tentatives de ce genre. D'autre part, sous le rapport de l'éducation scientifique de nos membres, nous avons déjà mis sur pied tout ce qu'il est à peu près possible de faire, sauf en ce qui concerne l'extension normale de notre groupe.

C'est donc la province qui devient notre champ d'action. Il est immense, aussi bien sous le rapport de l'éducation coloniale de la jeunesse, car à cet égard les occasions d'apprendre et de se renseigner sont bien moins nombreuses qu'à Paris, que sous le rapport de l'éducation morale et physique.

Cette œuvre ne peut pas être directement la nôtre. La Ligue coloniale de la Jeunesse ne peut être que l'inspiratrice du mouvement et un lien entre ses différentes manifestations. Tout ce que nous pouvons faire encore, c'est d'élaborer notre programme et de le répandre là où nous croyons qu'il rapportera des fruits.

∗∗∗

Tel est le double but de cette circulaire. Elle contiendra nos idées. Elle est destinée à les propager.

Nous faisons un appel pressant à tous les élèves des lycées, des collèges, qui seront séduits par ce programme pour qu'ils se mettent en rapport avec nous afin d'étudier en commun les moyens de le réaliser. Nous sollicitons chaleureusement leurs maîtres de nous prêter, comme à eux, leur bienveillant concours pour qu'un pareil mouvement puisse prendre forme.

Aux jeunes gens ayant terminé leurs études, qui végètent dans des situations d'attente ou qui se morfondent d'être encore à la charge de leurs familles, nous indiquons notre programme comme un but et peut-être comme un moyen.

Par notre intermédiaire, bien des jeunes gens vivant dans des villes de province sans se connaître et animés cependant des mêmes aspirations, pourront être mis en rapport les uns avec les autres et qui sait si de cette association, des travaux et des exercices effectués en commun, de l'intérêt et de la sympathie qui iront à ces initiatives, ne sortira pas pour quelques-uns l'occasion inespérée? Car enfin est-il admissible qu'un pareil mouvement, que de pareils efforts puissent n'aboutir à rien? Il y aura toujours bien les connaissances acquises, les relations, l'âme fortifiée par la volonté tendue vers un but, le corps aguerri par les exercices, les fatigues imposées pour augmenter la résistance. Mais la colonisation, le couronnement nécessaire de tout cela?

Après avoir attiré la jeunesse par sa propagande, après lui avoir imposé un programme d'éducation, la Ligue ne doit-elle pas s'employer pour que ses membres puissent enfin devenir colons, but final de toute cette préparation? Et ce devoir comment l'accomplir?

C'est ce qu'il nous reste à examiner.

L'ASSISTANCE

Et d'abord, notons avec satisfaction que la Ligue comprend déjà une catégorie de membres qui échappent à cette préoccupation. Ce sont les jeunes gens disposant de ressources personnelles suffisantes pour pouvoir s'établir aux colonies à leur compte. Nous en avons, je le répète, et déjà quelques-uns sont partis : MM. D.-B., R. et V., au Tonkin; MM. B. et C. de B. et de R. à Madagascar; M. R., en Nouvelle-Calédonie, etc. D'autres sont sur le point de partir au nombre de trois pour la Calédonie, de trois également pour la Côte occidentale d'Afrique, et le Soudan; deux autres iront à laGuadeloupe, et en Tunisie, etc. Ces jeunes gens se suffisent à eux-mêmes. Ils n'ont pas cependant négligé l'assistance de la Ligue et ont obtenu par son intermédiaire des conseils autorisés, des recommandations, des introductions. De telle sorte que, même en ce qui concerne cette catégorie de jeunes gens, le recours à cette troisième partie de notre programme — l'assistance — n'est pas inutile. Mais pour les autres, pour la grande majorité des membres qui n'ont ni les ressources, ni les relations nécessaires pour pouvoir partir aux colonies, elle apparaît non plus comme un accessoire, mais comme une impérieuse nécessité. Comment va-t-elle s'exercer?

***

Le rôle de la Ligue ici m'apparaît double. Elle peut susciter une assistance mutuelle entre ses membres. Elle doit aussi provoquer à leur profit une assistance et des avantages tirés en dehors de son sein.

Prenons quelques exemples d'assistance mutuelle. Nous en avons signalé en passant en revue notre programme d'éducation. C'est de l'assistance mutuelle et de la meilleure que les membres de la Ligue se rendent en fréquentant assidûment les réunions des sections, en y apportant chacun le contingent de ses études et de ses observations. On la développera encore en organisant entre les membres un enseignement mutuel pour les langues, la comptabilité, etc., et encore par les exercices physiques et l'apprentissage des métiers manuels auxquels les groupes de provinces pourraient se livrer en commun. Mais, dans tout ceci, il y a confusion, pénétration intime entre l'assistance et l'éducation, et il est possible d'entrevoir quelque chose de plus dans l'aide réciproque que les membres de la Ligue peuvent se prêter. Prenons ces jeunes gens auxquels leurs ressources suffisent pour s'installer à leur compte aux colonies. Il s'en trouvera certainement un jour quelques-uns pour prendre comme associé un de leurs collègues dont ils auront pu apprécier les qualités.

Ceci, j'en suis persuadé, se présentera surtout dans les groupes que la propagande de la Ligue a déjà suscités et suscitera encore parmi les élèves des grandes écoles spéciales.

Voici déjà les groupes de Grignon et de Rennes. La Ligue compte près de quatre-vingts membres dans ces deux écoles. Sur ces quatre-vingts membres il y en a sans doute de conditions diverses au point de vue de la fortune et des aptitudes. La Ligue a créé un intérêt commun entre tous ces jeunes gens dont la plupart, probablement, ignoraient qu'il y eut entre eux cette conformité de goût. Maintenant les voilà réunis autour de la question de la colonisation. Ils vont en étudier ensemble les aspects.

Le groupe de Rennes a consacré une somme de deux cents francs à se monter une bibliothèque coloniale. Le groupe de Grignon en a constitué une également plus modeste, sa proximité de Paris lui permettant de profiter des avantages du groupe central.

Ces études, ces préoccupations communes porteront leurs fruits et nous sommes persuadés qu'il se formera entre élèves des projets d'associations où le capital s'unira aux aptitudes spéciales et à l'endurance physique.

Ces résultats proviendront du jeu normal de notre association et notre tâche doit uniquement consister à les favoriser en provoquant la formation de groupes aussi nombreux que possible.

***

Mais, au-dessus de cette assistance mutuelle, nous devons nous préoccuper d'assurer aux membres de la Ligue le plus de facilités et le plus de garanties possibles pour qu'ils partent et réussissent aux colonies.

Cette tâche incombe particulièrement aux organisateurs de la Ligue. Comment l'avons-nous comprise? Comment en entrevoyons-nous le développement pour l'avenir?

Parlons d'abord de ce que nous avons fait, de ce que nous avons obtenu.

Et d'abord, par l'intermédiaire de la Ligue, les jeunes gens trouvent un accès tout naturel auprès des grandes Sociétés de colonisation : l'*Union Coloniale Française*, le *Comité Dupleix*, etc.

Auprès de l'Union Coloniale Française nous avons trouvé le concours bienveillant qui nous a permis d'organiser, sans frais, dans ses locaux, nos réunions du soir, qui nous a ouvert la porte de sa bibliothèque et de ses servi   et qui, en toute circonstance, prête à nos membres l'appui de ses conseils et le secours de ses relations.

Au Comité Dupleix, nous avons rencontré, sous une autre forme, des encouragements et un appui non moins précieux. Le Comité Dupleix dont l'œuvre est de favoriser l'éducation coloniale de la jeunesse, a bien voulu s'intéresser à nos efforts. Il l'a fait, notamment, en mettant généreusement à notre disposition une bourse de voyage suffisante pour permettre à un membre de la Ligue d'aller étudier dans une colonie étrangère et pendant le temps nécessaire, les meilleures méthodes en usage pour une culture tropicale déterminée. Le titulaire de la Bourse du Comité Dupleix ira à Java afin d'étudier la culture du café.

Grâce à l'expérience que la libéralité du Comité Dupleix lui permettra d'acquérir, le membre de la Ligue qui ira à Java trouvera, nous n'en doutons pas, à son retour, des capitaux en nombre suffisant pour fonder une plantation dans une colonie française.

Ainsi, celui-là encore, quoique sans capitaux au début et grâce à ses connaissances spéciales, trouvera à se caser.

⁂

L'assistance prêtée sous cette forme par le Comité Dupleix à un membre de la Ligue est de celles que nous voudrions pouvoir multiplier. Elle est le corollaire indispensable de ce programme d'éducation coloniale et de spécialisation que nous avons tracé plus haut.

S'il est vrai que pour réussir aux colonies il faut apprendre le métier de colon; s'il est vrai d'autre part que devant la méfiance légitime des capitaux, il faut des hommes de métier et d'expérience pour les décider à s'engager dans les affaires coloniales, alors une vaste organisation de ce genre d'assistance, nécessaire à la formation de *spécialistes*, devient indispensable.

Sans cette libre association du capital et du travail sous la forme la plus élevée, la colonisation agricole demeurera le domaine à peu près exclusif et combien peu développé des capitalistes décidés à exploiter par eux-mêmes. Ceux-ci feront les frais de leur éducation coloniale. Ils appliqueront ensuite ce qu'ils auront appris à leur bénéfice exclusif.

Nous arriverons de la sorte à avoir quelques belles et productives plantations dans nos colonies; nous n'arriverons jamais à leur mise en valeur générale et les sacrifices de tous profiteront à une poignée de privilégiés.

Et la colonisation, au sens où tout le monde est d'accord aujourd'hui pour l'entendre, perdrait sa portée sociale et son caractère de haute prévoyance.

Il faut que l'indication donnée par le Comité Dupleix soit suivie. Il faut que tous ceux qui ont un intérêt à la mise en valeur de notre domaine colonial s'unissent pour faciliter à des jeunes gens sortant des Écoles d'agriculture le moyen d'aller faire sur place un apprentissage après lequel ils pourront trouver des capitaux pour les commanditer.

C'est, nous le répétons, la conséquence logique du programme d'éducation formulé plus haut.

Le gouvernement de son côté a compris cette nécessité. Il vient à la suite de démarches faites par M. Chailley-Bert, au retour de sa mission à Java, et sur la proposition de M. Vassillière, directeur de l'Agriculture, et de M. Camille Guy, chef du service des missions, de fonder cinq bourses de voyage (trois de cinq mille francs, deux de quatre mille), destinées à envoyer des élèves des Écoles nationales supérieures d'agriculture faire un séjour de deux ans dans les *colonies étrangères* pour y apprendre sur place, à l'école des planteurs les plus renommés, la culture des plantes tropicales : café, thé, tabac, etc.

Il faut que cet exemple soit suivi par l'initiative privée. C'est un des points essentiels du programme de la Ligue Coloniale de la Jeunesse. Il figure dans nos statuts. Fonder des bourses d'apprentissage, tel doit être l'objet principal des ressources de la Ligue. Nous espérions même que nos ressources nous permettraient de donner une bourse à la fin de notre première année d'existence et nous avions pensé un instant à fonder une bourse en faveur de l'École d'Agriculture Coloniale qui doit s'ouvrir en octobre prochain à Tunis.

Sur l'avis même de nos groupes agricoles, nous avons préféré employer une partie de ces ressources à l'achat de livres dont nous avons parlé plus haut. A part quelques exceptions, en effet, notre budget est composé exclusivement des cotisations modestes des membres actifs et il eut été injuste de les affecter presque entièrement au profit d'un seul.

La constitution des bourses de voyage, du genre de celles instituées par le gouvernement, doit donc former notre principale préoccupation pendant l'année qui va s'ouvrir.

Pour cela, et maintenant que l'avenir de la Ligue est assuré et son utilité reconnue, nous faisons directement appel, et de la façon la plus pressante, à une nouvelle catégorie de membres : les membres bienfaiteurs.

⁂

Et voici comment nous espérons obtenir et voulons utiliser leur concours. Il y a dans toute la France des hommes généreux, sans parler des institutions politiques, administratives ou même privées — telles que Conseils généraux, Conseils municipaux, Sociétés régionales— qui s'intéressent aux œuvres locales et les soutiennent. Je pense que si nous voulions centraliser les ressources de la Ligue et les répartir à notre guise, nous obtiendrions peut être le montant d'une ou deux bourses de voyages. Cela serait long, difficile et absolument insuffisant. Tel n'est pas notre but, la Ligue doit se fractionner, se subdiviser en le plus grand nombre possible de groupes régionaux. Ces groupes nous voulons les doter de l'autonomie la plus large, au point de vue de leurs moyens d'action et de leurs ressources.

Est il téméraire d'espérer que ces groupes, composés entièrement d'enfants du pays trouveront des concours locaux ? Nous ne demandons pas à nos souscripteurs de Marseille des fonds pour faire partir un membre de

Lille. Nous demandons aux Marseillais de souscrire au groupe de la Ligue coloniale de la Jeunesse de Marseille. Nos efforts tendront à susciter des groupes. Sur ces groupes nous exercerons un esprit de direction, nous serons toujours à leur disposition pour les aider dans leur tâche. Pour le surplus et en dehors d'une légère participation à nos frais généraux, ils jouiront d'une autonomie financière complète en ce sens que les ressources fournies par les membres de la région, actifs ou bienfaiteurs, seront affectés au profit du groupe.

D'autre part certaines personnes pourraient trouver trop élevée la cotisation de membre bienfaiteur et désirer néanmoins participer pour une somme quelconque au fonds spécial des bourses de voyage de tel ou tel groupe. Nous avons prévu ce cas et nos statuts nous permettent heureusement d'y parer. L'article 6 nous autorise en effet à recevoir des dons manuels. Grâce à cette disposition toute personne peut souscrire une somme quelconque pour nos bourses de voyage.

Nous espérons que cet appel sera entendu et que la Ligue pourra bientôt entrer dans cette voie d'assistance, la plus efficace de toutes, et former de bons futurs colons en mettant à leur disposition les moyens d'apprendre leur métier.

\\\

Ce n'est pas tout. Il ne suffit pas d'avoir quatre ou cinq mille francs devant soi pour aller faire un apprentissage aux colonies. Il faut que ce voyage soit aussi productif et aussi économique que possible. Pour cela il faut que le titulaire de la bourse obtienne des réductions sur les moyens de transport et les effets d'équipement. Il faut que son installation chez un planteur se fasse dans les conditions les plus profitables.

Ici le rôle de la Ligue est plus direct. Nos résultats également sont plus positifs.

En ce qui concerne les frais de transport et d'équipement nous sommes déjà en mesure, grâce au bienveillant et précieux concours des grandes Compagnies de Navigation et de plusieurs importantes maisons, d'assurer des avantages sérieux aux membres de la Ligue. Ces avantages ne sont pas seulement réservés aux titulaires des bourses, mais sont ouverts à tous les membres actifs de la Ligue qui désirent se rendre aux colonies.

Quant au séjour et à l'installation de nos boursiers chez des colons, les relations de l'*Union Coloniale Française* et du *Comité Dupleix* sont une garantie suffisante des excellentes conditions dans lesquelles ceux-ci trouveront à se placer.

\\\

Tout est donc prêt pour le fonctionnement de cet excellent moyen de former de bons colons. Les jeunes gens sont là. Ils attendent. Ce sont les membres de nos groupes de l'Institut agronomique, de Grignon, de Rennes, etc. D'autre part, Compagnies de Navigation, maisons d'équipements, correspondants aux colonies nous offrent les facilités les plus larges pour les faire partir et les installer. Que manque t-il donc ? Un peu d'argent pour leur permettre de profiter de tous ces avantages. Nos membres ont déjà à leur actif des réductions de 10, 15, 20, 25 0/0 obtenues en leur faveur. Qui donc leur fournira le complément ? Nous avons bon espoir que l'on ne se désintéressera pas de cette œuvre, si facile à réaliser, si pleine de promesses pour l'avenir de nos colonies.

\\\

Ces bourses devront être, au début surtout, réservées aux agriculteurs, quoiqu'en principe rien ne s'oppose à faire la même chose pour l'apprentissage de futurs commerçants coloniaux. Toutefois, pour les membres de la Ligue qui se destinent au commerce nous avons songé à une autre forme d'assistance. Ceux-ci peuvent déjà, sur place, acquérir une préparation suffisante pour espérer entrer d'emblée dans une maison de commerce ou un comptoir.

C'est surtout à leur intention que nous avons fait dresser la liste détaillée de nos membres, qui se trouve à la fin de cette circulaire.

Nous prions instamment tous ceux qui ont des affaires aux colonies d'y jeter les yeux et, éventuellement, de s'y référer pour le recrutement de leur personnel.

Pour une catégorie toute aussi intéressante de nos membres, ils rendront un service égal à ceux qui nous aideront à former des bourses de voyage. Si l'expérience réussit, ce sera pour nous un encouragement à publier de temps à autre de nouvelles listes qui certes offriront plus de garanties et de choix que la plupart des candidatures dont sont assaillies les maisons employant un personnel aux colonies.

RÉSUMONS-NOUS. — Avec ce que nous avons fait et la conception très nette de ce qu'il nous reste à faire, nous pouvons formuler un certain nombre de vœux dont quelques uns déjà ont reçu un commencement de réalisation. Reprenons pour cela notre devise qui est tout notre programme.

PROPAGANDE. — Aux maîtres dans toutes les catégories de l'enseignement nous demandons : « Veuillez nous prêter votre concours. Appelez, avant qu'il ne soit trop tard, l'attention de vos élèves sur la variété des carrières qui s'ouvrent devant eux. Signalez-leur l'encombrement des professions libérales. S'il y en a que la colonisation attire, aidez-nous à les éclairer et à les guider. »

Aux jeunes gens qui nous lisent nous ne demandons pas autre chose que ceci : « Pénétrez-vous de notre esprit et de notre but. S'ils répondent à vos aspirations, venez à nous. Si vous connaissez quelqu'un parmi vos camarades qui puisse en profiter, communiquez-lui nos idées. »

ÉDUCATION. — Nous la concevons comme une œuvre de Jeunesse reposant sur la mutualité, la persévérance et le caractère. Elle comporte plusieurs degrés :

AU PREMIER DEGRE nous demandons aux jeunes gens de s'étudier eux-mêmes, d'éprouver leur vocation. Si elle est résistante, qu'ils s'habituent à l'idée de la réaliser. Qu'ils y préparent surtout leurs parents, leur entourage. Pas n'est besoin d'être de la Ligue pour cela. C'est une œuvre individuelle.

C'EST AU DEUXIÈME DEGRÉ que la mutualité commence. Il faut aux futurs colons une éducation générale — intellectuelle et physique. Il peuvent l'acquérir par la lecture d'ouvrages sur les colonies, l'étude de la géographie, de la comptabilité et des langues vivantes, l'habitude des exercices physiques et l'apprentissage des travaux manuels. Nos sections, nos groupes peuvent les aider en tout cela. Nous avons déjà commencé. Nous continuerons en complétant ce programme qui peut, avec de la bonne volonté, s'exécuter en commun.

LE TROISIÈME DEGRÉ est celui de l'éducation spéciale, technique. Il dépasse le domaine de la mutualité, de l'action propre et personnelle de la Ligue et relève de celui de :

L'ASSISTANCE. — Jusqu'à présent nous nous sommes assignés une tâche à nous-mêmes. Ici, ce sont véritablement des vœux que nous formulons. Nous les avons d'ailleurs exprimés tout à l'heure. Ils sont bien simples : Qu'on tienne compte de nos aspirations pour créer un enseignement colonial. Qu'on se serve de la liste de nos membres pour recruter des colons. Qu'on nous aide à créer des bourses de voyage pour en former d'autres.

CHARLES NOUFFLARD.

RAPPORT DE L'EXERCICE 1897-1898

I. — Assemblées générales

La Ligue Coloniale de la Jeunesse a tenu dans le courant de sa première année d'exercice quatre assemblées générales. — Sa première, en date du 11 juillet 1897, a approuvé les statuts dont nous publions plus loin un extrait et élu son Comité de direction.

*** Le 19 décembre avait lieu dans la salle de la *Société d'Encouragement pour l'Industrie nationale*, devant plus de 300 personnes, une réunion extraordinaire sous la présidence de M. **Roume**, *conseiller d'État en service extraordinaire, directeur au ministère des Colonies*, représentant M. le Ministre des Colonies. MM. Boucher, *ministre du Commerce* et **Rambaud**, *ministre de l'Instruction Publique*, avaient bien voulu également déléguer à cette séance les chefs de leurs secrétariats particuliers: MM. **Tondeur-Scheffler** et **Leydier**. MM. **Mercet**, président et J. **Chailley-Bert**, secrétaire général de l'Union Coloniale Française, ainsi que plusieurs notabilités coloniales avaient bien voulu répondre à notre invitation.

Après une allocution du président, M. **Roume**; M. **Marcel Dubois**, professeur à la Sorbonne, a contribué dans cette séance par une éloquente conférence à faire connaître du grand public le but de la Ligue.

Dans un vibrant discours il a paraphrasé notre devise « Propagande, Éducation, Assistance », servant ainsi à la fois de parrain à la jeune société et lui traçant sa voie.

*** A la suite de cette réunion, une Assemblée générale extraodinaire fut tenue le 15 janvier 1898 à la société de Géographie dans laquelle notre président, M. **O. Noufflard** a exposé le plan de travail concerté par le Comité.

*** Enfin l'Assemblée générale ordinaire, s'est tenue dans une des salles de l'*Union Coloniale Française*, le 28 juin 1898, Elle a approuvé le rapport et les comptes du dernier exercice et procédé au renouvellement de son comité.

II. — Sections du groupe de Paris

La Ligue Coloniale de Jeunesse réunie en Assemblée générale extraordinaire, le 15 janvier 1898, dans la salle de la société de Géographie de Paris a décidé sur la proposition du Comité la création de sections d'études afin d'assurer plus facilement l'éducation mutuelle des membres de la Ligue. L'Assemblée générale a adopté les divisions suivantes:

Section générale;
Section agricole;
Section commerciale.

Les sections arrêtent elles-mêmes le programme de leurs travaux, fixent leurs jours de réunion, élisent leur bureau. Tout membre inscrit à l'une d'entre elles peut également faire partie des deux autres.

***

La *Section générale* s'est réunie quatre fois cette année.

Le 23 février, échange de vues entre ses membres et constitution du bureau. Ont été nommés:

Président: M. **Noufflard**, président de la Ligue.

Vice Président: M. **Régismanset**, major de l'École coloniale.

Secrétaires: MM. **Grenard**, élève de l'École des sciences politiques, **Picard**, élève à l'École coloniale.

A la seconde réunion, tenue le 30 mars, M. **Clément Delhorbe**, secrétaire général du Comité de Madagascar, a fait une conférence des plus vivantes et des plus pratiques sur les: *Progrès de la colonisation à Madagascar*, au triple point de vue administratif, agricole et commercial; l'orateur a littéralement transporté son auditoire dans cette colonie dont il possède une si parfaite connaissance.

La troisième séance, celle du 4 mai, a été consacrée à la *Colonisation en Nouvelle-Calédonie et au développement de l'influence française en Océanie*. M. *Moriceau*, administrateur colonial, qui a passé 25 ans dans ces régions, a tracé de nos établissements du Pacifique et de leurs ressources un tableau particulièrement remarquable; il s'est prêté, en outre, avec une bonne grâce parfaite aux nombreuses questions qui lui ont été adressées après son instructive conférence.

Enfin, dans la quatrième réunion, tenue le 8 juin, les membres de la section ont entendu deux orateurs. Le premier, M. *Camille Guy*, chef du service géographique et des missions au ministère des colonies a, dans une magnifique conférence, étudié dans ses généralités la *Géographie économique de nos colonies d'Afrique*. Il a indiqué à grands traits les distinctions qui devaient être faites entre elles, déterminé le caractère de leurs ressources et terminé enfin par l'étude de ces trois grandes questions d'intérêt général: la main-d'œuvre, l'association en vue de l'exploitation et les voies de communication. Le second orateur, M. *Régismanset*, vice-président de la section, a fait une intéressante communication, d'après des documents allemands, sur le commerce d'importation en Chine, principalement dans la région de Kiao-Tchéou.

***

La *section agricole* a tenu trois séances.

Dans la première, le 9 février, elle a élaboré son programme et constitué son bureau.

M. **R. Delavney**, élève de l'Institut agronomique, a été élu président, et MM. **F. Main** et J. **Vuillet**, élèves de l'Institut agronomique, secrétaires.

Dans sa seconde réunion, le 5 mars, la section a entendu M. J. *Dybowski*, explorateur, directeur de l'Agriculture de la Régence de Tunis, qui a fait une conférence sur l'*Agriculture aux colonies et l'éducation technique des colons*. Cette communication du plus vif intérêt pour des jeunes gens presque tous désireux d'aller créer au loin des exploitations agricoles a été suivie avec une attention particulière, pleinement justifiée d'ailleurs par la haute compétence du conférencier et le caractère avant tout pratique des renseignements qu'il a bien voulu fournir.

La troisième séance, tenue le 21 avril, a été consacrée aux *Entreprises agricoles en Indo-Chine*. M. le comte de **Barthélemy**, explorateur et membre actif de la Ligue, a fait sur ce sujet une très instructive conférence. Connaissant admirablement le pays dont il parlait, il s'est plu, comme M. Dybowski, à donner à ses auditeurs des renseignements précis sur les capacités requises et les ressources nécessaires pour réussir en Indo-Chine.

***

La *section commerciale* s'est également réunie trois fois cette année.

La première séance, celle du 16 février, a été consacrée à la discussion du programme des études et à la nomination du bureau.

Ont été élus: MM. **Macquart**, secrétaire à la banque française de l'Afrique du Sud, président; **Combarel**, employé de la Compagnie de batelage et de Navigation de Madagascar et **Siore de Fontbrune**, élève à l'École Coloniale, secrétaires.

Le 12 mars, seconde réunion. M. *Pierre Mille*, publiciste, ancien chef de cabinet du secrétaire général de Madagascar, et qui suivait M. Lebon dans son voyage au Sénégal, a entretenu la section sur les débouchés que cette colonie offre au commerce français. Le conférencier qui possède une érudition très approfondie des questions sénégalaises, a tracé un tableau très précis de la vie économique au Sénégal et a su le rendre à la fois profitable et attrayant par la clarté et l'humour de son exposition qui a été très goûtée.

La troisième séance, du 18 mai 1898, a été consacrée à *l'Œuvre française en Tunisie*. M. *Marcel Ruedel*, trésorier-adjoint de la Ligue et lauréat de l'*Union Coloniale Française*, a rendu compte à la section du voyage d'études de trois mois qu'il venait d'accomplir en Tunisie. Sa causerie, empreinte d'un grand esprit d'observation a porté à la fois sur l'agriculture, le commerce et le développement croissant de l'influence française; elle a obtenu un vif et légitime succès.

III. — Groupes de Province

La Ligue Coloniale de la Jeunesse possède déjà des adhérents dans plusieurs centres très importants de province.

Trois groupes comprenant chacun plus de 25 membres ont été institués au Havre, à Grignon, à Rennes.

D'autres plus nombreux sont en voie de formation.

Les groupes constitués sont administrés par un comité qu'ils nomment eux-mêmes et qui correspond avec le Comité de la Ligue; ils disposent en toute liberté de **50 0/0** des cotisations de leurs *membres actifs* et *bienfaiteurs* et de la **totalité** des *souscriptions*, par eux recueillies, en vue de la constitution de bourses de voyage.

***

Le groupe du Havre est le plus ancien. Il a pris naissance au mois de décembre 1897 à l'Ecole supérieure de commerce. Grâce à l'activité de son fondateur, M. M. Breugnot, grâce aussi au bienveillant appui de M. Davy, directeur de l'Ecole supérieure de commerce, il a vu le nombre de ses adhérents s'accroître rapidement. A la suite d'une conférence faite au mois de février, j'ai pu de mon côté recueillir de nouvelles adhésions et le groupe s'est définitivement organisé. Il compte, à l'heure actuelle, parmi ses membres bienfaiteurs plusieurs notabilités de la politique et du haut commerce et cinquante membres actifs appartenant, pour la plupart, au commerce maritime ou à l'Ecole supérieure de commerce.

***

C'est à notre président M. Noufflard qu'est due la création des groupes de Rennes et de Grignon. A la suite d'une correspondance qu'il a échangée avec les Ecoles nationales d'Agriculture et d'une conférence qu'il est allé faire à l'Ecole de Grignon, nous avons recueilli de nombreuses adhésions à cette école et à celle de Rennes. Les directeurs nous ont prêté le plus utile concours et les élèves nous ont fait le meilleur accueil.

Voici d'ailleurs dans quels termes les groupes de Grignon et de Rennes nous ont fait parvenir les procès-verbaux de leurs assemblées constitutives :

Procès-verbal du groupe de Grignon

Déjà, à la fin de l'année dernière, à l'Ecole de Grignon, quelques jeunes gens s'étaient entretenus de la très grande utilité qu'il y aurait pour eux à posséder des renseignements sérieux sur les colonies. Un petit groupe commença même à se constituer et se disposait à tenter quelques démarches auprès des grandes sociétés coloniales et à solliciter le concours de leurs professeurs. Cette association était en voie de formation quand la Ligue Coloniale de la Jeunesse se mit en rapport avec l'Ecole. La plupart des vœux de la jeune société se trouvaient réalisés dans les Statuts et le programme de la Ligue.

Aussi à la suite d'une très intéressante causerie sur le but et le fonctionnement de la Ligue, par son excellent président, M. Noufflard, un groupe d'une trentaine de membres se trouva rapidement formé.

Quelques jours après, le 29 avril, la première réunion avait lieu. Le bureau du groupe était immédiatement constitué de la façon suivante :

Président d'Honneur : M. PHILIPPART, *directeur de l'Ecole ;*
Membres d'Honneur : MM. LES PROFESSEURS ;
Président : M. VERMAY ;
Secrétaire : M. MARQUIS ;
Trésorier : M. MARREC.

A voir le peu de temps qu'a mis le groupe à se constituer et l'entrain des membres à suivre les conférences coloniales, nous pouvons assurer qu'un brillant avenir s'ouvre devant lui et qu'il est appelé à rendre d'importants services.

Il n'est peut-être pas inutile de remarquer à ce propos qu'à Grignon, les élèves se trouvent on ne peut mieux placés pour se préparer à la colonisation agricole. Les cours théoriques brillamment professés par MM. P. P. Dehérain, Berthault, Stanislas Meunier, Zolla, Hennequy sont complétés par de nombreux exercices pratiques de toute sorte, qui font de ces jeunes gens, des hommes spécialement instruits pour la rude vie de colon.

Procès-verbal du groupe de Rennes

Président d'honneur : M. JULES GODEFROY, Directeur de l'Ecole Nationale.
Membres honoraires : MM. LES PROFESSEURS.
Président : MM. AMBROISE RENDU, Elève de seconde année.
Secrétaire : GIBIER   — première —
Trésorier : JEAN LAURE   — deuxième —

Il a été fondé, le 2 mai 1898, entre les soussignés élèves à l'Ecole Nationale de Rennes, un groupe de la Ligue Coloniale de la Jeunesse, dont le siège est à Paris, 44, rue de la Chaussée-d'Antin.

Les membres du groupe adhèrent entièrement aux statuts de la Ligue Coloniale et bénéficient, par conséquent, de tous les avantages réservés aux ligueurs.

Le but de cette création est de réunir tous les élèves qui ont l'intention d'aller plus tard dans les colonies françaises pour s'y créer une situation à la fois indépendante, honorable et lucrative, et tous ceux qui s'intéressent aux questions coloniales.

Les membres apprendront aussi à se connaître, à s'estimer, ils créeront entre eux des liens d'une solidarité puissante, liens qu'il leur sera très doux et très utile de renouer lorsqu'ils se retrouveront loin de la mère patrie.

Le groupe fonde une bibliothèque qui comprendra tous les livres, revues et publications susceptibles de donner aux membres une connaissance approfondie de la valeur des colonies françaises, de leur climat, de leurs ressources agricoles, de leur régime économique et aussi des difficultés que tout nouveau colon doit surmonter pour réussir.

Le groupe s'efforcera d'organiser le plus souvent possible des conférences sur toutes sortes de sujets coloniaux et fait appel dans ce but à toutes les autorités compétentes et de bonne volonté.

Les membres du groupe s'engagent dès leur installation aux colonies à envoyer à leurs camarades de Rennes tous les renseignements susceptibles de les éclairer, ils mettront leur expérience et leur influence à la disposition de leurs camarades plus jeunes pour les aider et les soutenir.

Le groupe a à sa tête un bureau élu par la majorité des membres, composé de un président, un vice-président, un trésorier, un bibliothécaire. Le bureau doit être reconstitué tous les ans, au mois d'octobre.

Toutes les décisions prises par le bureau devront être exécutées par les membres du groupe.

Les séances sont bi-mensuelles. Elles pourront avoir lieu plus souvent s'il en est besoin.

Un procès-verbal détaillé de chaque séance sera rédigé par le secrétaire ; le procès-verbal relatera en outre tous les faits ou événements susceptibles d'intéresser le groupe.

En nous transmettant ce procès-verbal, le président du groupe de Rennes, M. A. Rendu, nous a fait parvenir les intéressantes considérations suivantes sur les motifs qui en ont déterminé la constitution :

Des causes profondes expliquent l'empressement avec lequel les élèves de l'Ecole nationale d'Agriculture ont répondu à l'appel de la Ligue Coloniale de la Jeunesse.

Le développement pris par l'enseignement agricole en ces dernières années est considérable. Plus de deux cent cinquante jeunes gens sortent annuellement des écoles supérieures d'agriculture. Quels sont les débouchés offerts à ce bataillon important ? Quelques-uns d'entre nous, favorisés de la fortune, sont les fils de grands propriétaires et agriculteurs. Ils ont leur voie toute tracée. Ils suivront la carrière de leur père. D'autres se destinent à l'enseignement agricole. Ils sont toujours nombreux, trop nombreux pour les places à prendre et de grands travaux et une énergie persévérante restent la plupart du temps sans récompense. Quelques-uns entrent dans l'administration. Pour ceux-là aussi il a fallu un hasard miraculeux et de très hautes protections. Supposons, avec optimisme, que cent jeunes gens se trouvent ainsi placés à la sortie des écoles. Que vont faire les autres? Voilà le grand problème. Le plus grand nombre ne possèdent pas les capitaux énormes nécessaires à une exploitation agricole en France, aucun ne veut se résigner à un travail manuel indigne de vingt années d'études et d'un brevet supérieur..

C'est alors que l'on songe à l'avenir qui s'offre aux colonies pour l'agriculteur décidé et entreprenant. Le mouvement qui pousse les élèves des écoles d'agriculture vers les colonies est impérieux, c'est la nécessité de vivre qui l'a créé.

Mais, pour partir et pour réussir, il faut des relations, une connaissance approfondie du régime colonial. Nous avons cru trouver dans la Ligue Coloniale de la Jeunesse cette double ressource. Exprimons, en passant, le vœu qu'une chaire coloniale soit fondée dans les Écoles nationales d'Agriculture. Le nombre des futurs colons qui fréquentent les écoles légitiment amplement cette création et les sacrifices que s'imposerait de ce chef la Métropole seraient largement payés par les résultats obtenus.

Tels sont, en quelques mots, l'histoire du mouvement colonial, né à l'École d'Agriculture de Rennes, et l'exposé des motifs qui ont fait naître ce mouvement. Il durera, comme toute chose qui répond à un besoin profond et général.

A côté de ce groupe en pleine activité, d'autres sont en voie de formation et tout près d'aboutir. Je citerai notamment le groupe lyonnais que j'ai pu former, au mois d'avril dernier, avec la collaboration de quelques amis. Il est certain que le zèle de ses membres lui assurera promptement une grande extension. M. Brenier, directeur de la Mission Lyonnaise en Chine, qui a bien voulu, tout récemment, s'intéresser à nos efforts, ne manquera pas de donner rapidement à l'action de la Ligue tout le développement qu'elle comporte dans la belle cité lyonnaise, si favorable à l'expansion française aux colonies.

Cet exemple sera bientôt suivi : à Rouen, à Reims, à Marseille, à Bordeaux, à Nantes et à Versailles, où la Ligue compte déjà quelques adhérents qui ne tarderont pas à associer leurs bonnes volontés.

Le jour où ce résultat sera atteint, l'action de la *Ligue Coloniale de la Jeunesse* s'étendra à la France entière et nous avons le ferme espoir qu'elle s'exercera pour le plus grand bien de la jeunesse et de la cause coloniale.

René JOSSIER,
Secrétaire-général sortant.

IV. — Extrait du rapport financier de M. Paul Chemin-Dupontès, *trésorier (approuvé par l'Assemblée générale du 28 juin 1898.)*

Les chiffres suivants, extraits du rapport de notre dévoué trésorier M. Paul Chemin-Dupontès, compléteront, croyons-nous, utilement les renseignements ci-dessus sur l'activité et les différentes manifestations de la *Ligue Coloniale de la Jeunesse*, ses tendances et sa situation générale :

Extrait du rapport :

Du 10 juillet 1897 au 25 juin 1898 les RECETTES de la *Ligue Coloniale de la Jeunesse* ont été de **fr. 1.562 05**; les DÉPENSES de **fr. 995 35** se décomposant comme suit :

DÉPENSES	
Conférences............	205 75
Frais de correspondance	115 05
Frais de bureau........	41 59
Frais de personnel.....	78 50
Frais divers...........	70 15
Imprimés..............	168 »
Section de Grignon....	10 »
Section du Havre......	20 »
Section de Rennes.....	190 60
TOTAL DES DÉPENSES..	995 35

RECETTES	
Membre bienfaiteur perpétuel............	300 »
Membres bienfaiteurs	225 »
Membre actif perpétuel................	100 »
Membres actifs........	907 50
Ass. Jeunesse française pour Expansion Col.	25 »
Divers................	3 55
TOTAL DES RECETTES.	1.562 05
DÉPENSES.........	995 35
EN CAISSE........	566 70

L'excédent des recettes sur les dépenses a donc été de fr. 566 70.

Enfin le bilan de la Ligue Coloniale de la Jeunesse au 25 juin 1898 se présente de la façon suivante :

En caisse............................	566 70
Recouvrements en cours.............	129 75
Section de Rennes..................	205 60
Section de Grignon.................	85 »
Cotisations arriérées...............	30 »
Association de la Jeunesse française pour l'Expansion coloniale.......	67 35
TOTAL DE L'ACTIF........Fr.	1.174 30
PASSIF......................	Nul

Paris, le 25 juin 1898

Le Trésorier,
Paul CHEMIN-DUPONTÈS.

V. — Droits et avantages des membres

Les avantages des membres de la Ligue peuvent se décomposer en avantages *moraux* et en avantages *matériels*.

Avantages moraux. — La Ligue est un intermédiaire entre la jeunesse coloniale et les sources de renseignements qui existent pour les colonies.

Du 1er janvier au 1er juillet, *150* lettres ont été écrites par le Comité de Direction, la plupart à l'adresse des membres de la Ligue pour leur donner des conseils ou leur fournir des renseignements.

La Ligue fait à ses membres un service régulier de cartes pour les conférences de la Ligue Coloniale de la Jeunesse, l'Union Coloniale Française, etc.

La bibliothèque de l'Union Coloniale Française leur est ouverte.

Plusieurs présentations et mises en rapport ont été effectuées par l'intermédiaire du Comité de Direction, etc.

Avantages matériels. — Le Comité de la Ligue a pu s'assurer des avantages importants, au point de vue de l'*équipement* et du *transport*, en faveur des membres actifs qui vont s'établir aux colonies.

Toutefois, certaines de ces Compagnies et de ces maisons qui ont bien voulu, dans un esprit tout patriotique, consentir des avantages importants aux membres de la Ligue, nous ayant priés de ne pas entourer leurs concessions d'une publicité susceptible d'en modifier le but et le caractère, nous n'en mentionnerons aucune.

Qu'il nous suffise de dire que les jeunes gens partant aux colonies sont en mesure, sous certaines conditions et en passant par l'intermédiaire du Comité de Direction, d'obtenir des réductions variant de 0 à 25 0/0, tant au point de vue de leur équipement que du transport.

D'autres maisons, notamment pour les armes, les objets de campement, la pharmacie, la librairie, la photographie et les instruments de précision, etc., se sont engagés à faire des remises directes aux membres actifs de la Ligue sur la présentation de leur carte d'identité de sociétaire et dont nous reproduisons ci-dessous le fac-similé.

LIGUE COLONIALE DE LA JEUNESSE
ÉDUCATION, ASSISTANCE, PROPAGANDE
44, rue de la Chaussée-d'Antin, 44, PARIS

CARTE DE MEMBRE ACTIF

Monsieur ....

N° ▨▨▨▨▨   *Signature du Secrétaire :*   *Le Président :*

Photographie au verso

VI. — Bourse de voyage du Comité Dupleix.

Bien que nous en ayons déjà parlé, la Bourse de voyage mise à notre disposition par le *Comité Dupleix*, mérite une mention spéciale.

Voici en quels termes, dans la *France Extérieure* du 1er janvier 1898, M. *Arthur Maillet*, secrétaire général du Comité Dupleix, voulait bien porter à notre connaissance les généreuses intentions du Comité et de son directeur, M. Bonvalot, à notre égard.

« Le Comité Dupleix ne saurait prendre à sa charge les cent cinquante membres de la Ligue, mais il réclame l'honneur de faire partir le premier d'entre eux. Ce sera peu et ce sera beaucoup, car l'exemple sera donné. Nous mettons à notre concours une condition : Le titulaire de cette bourse n'ira pas aux colonies dans l'unique but d'en rapporter un rapport. Il devra s'installer chez un colon et y séjourner le temps nécessaire à son parfait apprentissage. Quand il se sentira capable de diriger à son tour une entreprise analogue, il reviendra en France et nous avons la conviction absolue qu'il trouvera rapidement des capitaux. On pense bien, du reste, que notre appui ne lui manquera pas. A qui fera-t-on croire que les capitalistes sont heureux de perdre leur argent dans les mines d'or ou d'en tirer un intérêt de 2 1/2 0/0 Le jour où il existera de bonnes affaires coloniales — et il en existera quand il y aura de bons colons — ils s'empresseront de desserrer les cordons de leur bourse. . . . . .

« La bourse que nous mettons à la disposition d'un membre de la Ligue, dans notre esprit, devrait être une simple avance. Le titulaire prendrait l'engagement — engagement moral bien entendu, — de la rembourser à la Ligue, dès que la réussite de son entreprise le lui permettrait. Cette somme servirait à faire partir un autre apprenti-colon. Le remboursement devrait aussi être exigé de celui qui renoncerait à la vie coloniale. C'est ainsi que procèdent les Américains, pour la plupart des bourses de leurs écoles et j'estime qu'ils sont bien inspirés. La dignité du titulaire est entièrement sauvegardée et une même bourse est utile à un grand nombre de jeunes gens. Le remboursement n'effraye aucun candidat, puisqu'il est fait seulement en cas de succès. »

C'est en s'inspirant de ces idées et de ces conditions que le Comité de la Ligue s'est occupé de l'attribution de la bourse. Après avoir examiné plusieurs projets et pris l'avis de personnalités compétentes et, en première ligne, du *Comité Dupleix* lui-même, il a été décidé d'envoyer le titulaire de la bourse étudier la culture du café à Java. Cette affaire a été suivie par M. Baillaud, membre du Comité, qui est parvenu à obtenir tous les renseignements et toutes les recommandations permettant le prochain départ du titulaire de la bourse. Celui-ci partira dans les premiers jours du mois d'août. Le Comité Dupleix nous ayant laissé le soin de lui présenter celui de nos membres que nous jugerions le plus digne de profiter utilement de sa généreuse initiative, le

Comité de la Ligue a eu à se prononcer entre quatre candidatures. Son choix s'est porté à l'unanimité sur M. *Ferdinand Coulombier*, dont voici les qualifications : né à Maillé, par Ayron (Vienne), le 31 décembre 1873, d'une famille de cultivateurs, notre collègue est entré le 6 octobre 1889 à la ferme école de *Mont-Louis* (Vienne), d'où il est sorti deuxième le 25 septembre 1891. De là, il passe deux ans à l'École pratique de Lezardeau (Finistère). Il en sort premier en 1893 pour entrer à l'École nationale d'Agriculture de Rennes dont il sort sixième en 1896, après avoir accompli une année de service militaire (1894-1895), à Poitiers, au 125e de ligne. De 1895 à 1897, M. Coulombier a été chef de culture à la ferme de Gudet, par Lientades (300 hectares) (Cantal). Actuellement il est professeur d'agriculture et régisseur à la colonie pénitentiaire de la Loge, par Bangy (Cher) (1.000 hectares). Ajoutons que M. Coulombier possède bien l'anglais. Le Comité Dupleix, qui a ratifié notre choix, offre à M. Coulombier une bourse de 5.000 francs et le transport gratuit jusqu'à Batavia.

VII. — Statistique des départs effectués par les membres de la Ligue pendant l'exercice 1897-1898 à destination des colonies françaises.

AFRIQUE

Algérie-Tunisie

MM. R. et T. (Voyages d'études).

Madagascar

MM. C. et B. (Commerce);
De B. et de R. (Agriculture);
H. S. (Administration : commissariat colonial).

Indo-Chine

MM. D.-B. (Agriculture);
R. et V. (Commerce).

Nouvelle-Calédonie

M. L. R. (Agriculture).

VII. — Statistique des partants assurés avant la fin de l'année 1898.

AFRIQUE

Cote occidentale et Soudan

MM. B. C. (Mission);
C. D. et D. (Commerce);
L. C., M. et R. (Agriculture).

Madagascar et La Réunion

MM. C. et C. (Commerce);
C. N. et P. F. (Voyages d'études).

Indo-Chine

M. M. T. (Commerce).

Antilles

M. M. P. R. (Guadeloupe.—Agriculture).

Nouvelle-Calédonie

MM. G. et de T. (Agriculture).

Au total, **26** au moins parmi les membres actifs de la la Ligue Coloniale de la Jeunesse seront partis cette année pour les colonies françaises dont **dix** pour y fonder des établissements *agricoles*, **dix** pour des entreprises *commerciales*, **cinq** pour des *voyages d'études*, et un dans l'*administration*

En outre **sept** membres de la Ligue sont actuellement en Angleterre pour s'y perfectionner dans la langue. Nous les avons mis en rapport entre eux. La Ligue compte actuellement également **trois** de ses membres séjournant en Allemagne pour y apprendre l'allemand.

LIGUE COLONIALE DE LA JEUNESSE

Propagande — Éducation — Assistance

EXTRAIT DES STATUTS [1]

CHAPITRE Ier

Association. — Son but

ARTICLE PREMIER.

Entre les jeunes gens qui adhèrent aux présents statuts est formée une Ligue, dont le siège est à Paris.

Fondée en 1894 par MM. Maurice Darchicourt et Louis Vaucheret et antérieurement dénommée *Association de la Jeunesse Française pour l'Expansion Coloniale*, elle prend le nom de : **Ligue Coloniale de la Jeunesse**, avec, comme devise, le sous-titre : ÉDUCATION — ASSISTANCE. — PROPAGANDE.

ART. 2

Elle a pour but :

1° De répandre parmi la jeunesse française l'esprit et le goût de la colonisation ;

2° De rendre plus efficaces les vocations coloniales en propageant, chez ceux qui en seront animés, la notion plus exacte des conditions nécessaires pour réussir dans les entreprises coloniales et en favorisant les moyens de s'y préparer et d'y parvenir.

3° D'établir entre ses membres des liens de solidarité et d'assistance mutuelle.

Ses moyens d'actions sont :

1° Les réunions périodiques ;

2° Les délégations en province ;

3° Les bourses de voyage ;

4° Et au fur et à mesure du développement de la ligue, les éléments de propagande, d'éducation et d'assistance suivants : publications, conférences, bibliothèques, secours d'étude en vue d'acquérir des connaissances spéciales, recommandations et intermédiaire pour l'obtention de toute fonction ne dépendant pas du Gouvernement aux colonies;

5° Enfin, si les ressources de la Ligue le permettent éventuellement, des avances de fonds à des membres actifs en vue d'un établissement aux colonies.

ART. 3

La Ligue se compose :

1° De membres fondateurs ;

2° De membres honoraires ;

3° De membres bienfaiteurs ;

4° De membres actifs, perpétuels et annuels.

ART. 4

Sont membres fondateurs : MM. Maurice Darchicourt, Charles Noufflard et Louis Vaucheret, auxquels la Ligue conféra ce titre de droit. Le Comité pourra en outre le

---

(1) Les statuts de la *Ligue Coloniale de la Jeunesse* ont été autorisés par un arrêté ministériel en date du 27 août 1897.

conférer à tout souscripteur d'une somme minima de 500 francs, ou à tel membre honoraire auquel il lui conviendra de décerner ce titre.

ART. 5.

Sont membres honoraires : toutes personnes désignées par le bureau et agréées par l'Assemblée générale.

ART. 6.

Sont membres bienfaiteurs : tous souscripteurs d'une somme minima de 300 francs ou d'une cotisation annuelle de 25 francs.

La ligue reçoit en outre avec reconnaissance les dons manuels de toute nature qui lui sont faits, soit par ses membres, soit par des personnes étrangères.

Un Comité de patronage sera formé parmi les membres fondateurs, honoraires et bienfaiteurs.

ART. 7.

Sont membres perpétuels : les membres actifs qui se libèrent de leurs cotisations en versant une fois pour toutes la somme de 100 francs.

Sont membres annuels : les membres actifs acquittant une cotisation annuelle de 6 francs.

Pour être membre actif, il faut :

1° Être Français ou naturalisé, ou affirmer qu'on optera pour la nationalité française à 21 ans ;

2° Avoir 15 ans au moins et 30 ans au plus dans l'année de l'admission ;

3° Jouir de tous ses droits ;

4° Être agréé provisoirement par le Bureau et définitivement par le Comité, à la majorité absolue des voix ;

5° Adhérer à l'esprit de la Ligue et aux présents statuts;

6° Produire, si l'on est mineur, le consentement des parents ou du tuteur.

CHAPITRE II

Administration

ART. 8

La Ligue est administrée par un Comité de cinq membres, pris parmi les membres actifs majeurs et élus pour un an par l'Assemblée générale des membres actifs, à la majorité absolue ; au deuxième tour, la majorité relative suffira.

Quand le nombre des membres actifs atteindra 101, il sera nommé au Comité deux membres en sus ; quand il atteindra 201, deux autres en plus et ainsi de suite.

ART. 9.

Les membres du Comité sont rééligibles.

ART. 10.

Le Comité siège au moins une fois par mois et en outre toutes les fois qu'il est convoqué par le Président.

Il a pour fonctions principales : de présider aux admissions, d'examiner les travaux du Secrétaire général et du Trésorier, d'étudier toutes les initiatives propres à assurer le but que la Ligue se propose et d'en autoriser l'exécution ; de répartir les subventions pécuniaires et de régler le mode d'obtention et d'affectation des bourses de voyage, enfin, d'organiser les délégations en province.

ART. 18

Toutes les fonctions de la Ligue sont gratuites.

Art. 19.

Le Président représente la Ligue. Il convoque les réunions du Comité et de l'Assemblée générale et dirige les débats.
Il exerce en outre un contrôle sur les pièces comptables.

CHAPITRE III

Ressources de la Ligue — Leur emploi

Art. 24.

Les ressources de la Ligue se composent :
1° Des cotisations ;
2° Des souscriptions des membres fondateurs et bienfaiteurs ;
3° Des dons manuels.

. . . .

CHAPITRE V

Dispositions générales

Art. 30.

Le Comité est chargé d'organiser des réunions et des conférences ; il devra se conformer aux ordonnances de police sur les réunions.

Art. 31.

Toutes réglementations que le Comité jugera bon d'établir régleront les conditions de détail propres à assurer l'exécution des présents statuts.

RÈGLEMENT INTÉRIEUR

CHAPITRE I

Adhésions des nouveaux membres

ARTICLE PREMIER

Les demandes d'admission doivent être adressées, ainsi que les renseignements nécessaires, au Secrétaire général de la Ligue. Conformément à l'article 8 des statuts, le Comité examine la demande et décide. Le Secrétaire général a qualité pour accepter provisoirement les adhésions.

Art. 2.

Tout membre admis reçoit une carte de sociétaire, rigoureusement personnelle, signée du Président et du Secrétaire général.

CHAPITRE II

Des cotisations

Art. 4.

La cotisation est exigible intégralement dans le trimestre de la souscription.
Toutefois les membres actifs sont autorisés à l'acquitter en trois versements de 2 francs chacun, effectués successivement dans les mois de janvier, mai et octobre.

Art. 5.

Dans tous les cas, les frais de recouvrement par la poste sont à la charge des sociétaires.

(Règlement approuvé par l'Assemblée générale extraordinaire du 11 juillet 1897.)

LISTE DES MEMBRES DE LA LIGUE COLONIALE DE LA JEUNESSE

I. — Membres bienfaiteurs[1]

MM. **Ballande**, négociant à Bordeaux;
Barthélemy (comte de), explorateur, Paris;
Brenier (Henri), Directeur de la Mission Lyonnaise en Chine, Lyon;
Laneuville (Emile), courtier en marchandises, Le Havre;
Lévy (Raphaël-Georges), banquier, professeur à l'Ecole des Sciences Politiques, Paris;
Marais (Th.), Maire du Havre;
Mercet (Emile), Président de l'Union Coloniale Française, Paris;
Orléans (prince Henri d'), Paris;
Siegfried (Jules), Sénateur, ancien Ministre, Paris;
Siegfried (Ernest), négociant, Paris;
Société des anciens Elèves de l'Ecole supérieure de Commerce du Havre.

II. — Membres Actifs

GROUPE DE PARIS

Baillaud (Emile), Ecole normale supérieure, 45, rue d'Ulm, né le 24 septembre 1874, Saissac (Aveyron), libéré du service militaire. Diplomé de l'Ecole des Sciences politiques. Licencié en droit. Entend l'anglais et l'arabe. Part au mois de novembre en voyage d'études, au Soudan (région de Tombouctou.)

Baillou (Paul-Robert), Ecole d'Horticulture de Versailles, né à Paris, le 23 décembre 1878, comprend l'allemand, partirait à la fin de l'année comme agent d'Agriculture en Tunisie.

Bailly (Louis), Ecole d'Horticulture de Versailles, né à Lyon, le 24 juin 1878. Diplomé de l'Ecole pratique d'Agriculture, comprend l'anglais, partirait comme agent d'Agriculture en Algérie ou en Tunisie.

Barthélemy (comte P. de), 107, faubourg Saint-Honoré, explorateur, chargé d'une mission par le ministère de l'Instruction Publique en Annam et au Laos.

Baton (Eugène), à Paris, 5, rue de Sfax, élève de l'Ecole des Sciences politiques.

Baudry (Emmanuel), à Paris, 3, rue des Ecoles. En cours d'études.

Bernard (Jean), à Paris, 22, rue de Fleurus, agrégé d'histoire et de géographie, professeur au collège Sainte-Barbe.

Bertheau (Eugène), 88, boulevard Saint-Michel, né le 3 septembre 1874, à Paris, libéré du service militaire, membre actif correspondant de la Société de Géographie de Lisbonne. Parlant anglais, allemand, espagnol, portugais, ayant d'ailleurs séjourné en Allemagne, Angleterre, Espagne et Portugal, irait volontiers à Madagascar, comme agent commercial ou agent d'Industrie.

Bétrine (Alcide), à Paris, 110 *bis*, rue Saint-Antoine.

Blancan (André), à Paris, 5, rue de Pontoise, né à la Guadeloupe, le 12 juillet 1876, bachelier ès-lettres, élève à l'*Ecole Coloniale*, parle l'espagnol, prépare le commissariat colonial.

Boudeaud (Prosper), à Paris, 17, rue Pavée, né le 31 juillet 1878, élève à l'*Ecole Coloniale*; parle l'allemand, l'arabe, le malgache, partira dans l'administration coloniale après avoir rempli ses obligations militaires.

Boulle (Louis), à Paris, 18, avenue des Gobelins, employé de commerce.

Bourgois (Henri), à Paris, 8, rue Verderet, licencié en droit.

Broué (André), 15, rue Berthollet, Paris, élève à l'*Ecole Coloniale* (C.-P.)

Brunet (Louis), à Paris, 4, rue de Marseille, secrétaire de la rédaction de la Revue des Colonies et pays de protectorat, Président de la Société l'Africaine, etc.

Calamy (Marcel), à Paris, 34, boulevard Saint-Germain, licencié en droit.

Cantau, à Paris, 2, rue Cujas, élève à l'*Ecole Coloniale*, comprend l'allemand, l'arabe, le malgache, prépare le contrôle civil du protectorat tunisien.

Carquillat (Henri), 5, rue de Corneille, à Paris, né à Noyon, le 15 juillet 1875, exempt du service militaire, bachelier ès-sciences, ès-lettres, élève de l'Institut national agronomique, possédant la langue allemande et quelque peu d'arabe, ayant effectué un séjour de deux mois en Algérie, partirait comme agent général d'Agriculture en Algérie ou de préférence en Tunisie avant de pratiquer pour son compte.

Charlet (Auguste), à Paris, 15, rue Chomel, étudiant en droit.

Chemin-Dupontès (Paul), 11, rue Baudin, Paris, né à Paris, le 7 octobre 1876, libéré du service militaire, employé à la Compagnie française de l'Afrique Occidentale, entendant l'allemand, médaille d'argent de l'Union Coloniale Française et de la Société d'encouragement aux Etudes commerciales, partira pour la côte occidentale d'Afrique.

Chermette (Eugène), à Paris, 24, boulevard de Strasbourg, né le 31 octobre 1873, libéré du service militaire, sous-officier de cavalerie, bachelier ès-sciences, comptable, parle l'allemand, a passé 1 an 1/2 en Tunisie, partirait de suite comme agent de commerce.

Chevallier (Armand), 36, rue Denfert-Rochereau, à Boulogne-sur-Seine, né le 22 mai 1875, à Boulogne, libéré du service militaire, certificat d'études, examens supérieurs du Luxembourg, employé de commerce, désire partir comme agent à la côte occidentale d'Afrique ou Madagascar.

Cohen-Meinhardt, à Paris, 31, avenue de l'opéra, employé de commerce.

(1 Pour être membre *bienfaiteur*, il faut verser une *souscription* minima de *300 francs* ou acquitter une *cotisation* annuelle de 25 francs.

Collin (Jean), 43, rue du Rocher, Paris, né le 24 juin 1878, à Parize-le-Châtel (Vienne), employé à la maison Lemoine (industrie alimentaire), partirait aussitôt son service militaire accompli, au Congo (vallée de l'Oubanghi) comme agent d'agriculture.

Collinot (Louis-Jules-Paul), 32, rue Lacépède, né à Noyers-sur-Serein (Yonne), libéré du service militaire actif, bachelier ès-sciences, ès-lettres, étudiant en médecine, comprenant l'allemand, prendrait pour l'une de nos colonies une situation médicale à la fin de ses études.

Combarel (Gustave), 12, rue Ganneron, Paris, né le 24 février 1875, à Dôle (Jura), libéré du service militaire, bachelier ès-sciences, ès-lettres, diplômé de l'Ecole supérieure de commerce du Havre, employé de la Compagnie Coloniale française d'élevage et d'alimentation de Madagascar (part le 20 juillet 1898 pour Madagascar).

Coulombier (Ferdinand), à Paris, 24, rue de Neuilly, né le 31 décembre 1873, à Maillé (Vienne), libéré du service militaire, sorti deuxième (1891) de la Ferme-Ecole de MontLouis (Vienne), sorti premier (1893) de l'Ecole de Lézarde (Finistère), sorti sixième (1896) de l'Ecole Nationale d'agriculture de Rennes, actuellement professeur d'agriculture et régisseur à la Colonie pénitentiaire de la Loge, par Baugy (Cher), titulaire de la bourse du Comité Dupleix (délibération du Comité de la Ligue en date du 23 juin 1898).

Darchicourt (Maurice), 39, rue de Bellechasse, Paris, né le 15 juin 1878, à Mézières (Ardennes), bachelier de l'enseignement secondaire moderne, entendant l'anglais, partirait, vers 1902, son service militaire achevé, comme agent intéressé d'une exploitation métallurgique, (Indo-Chine ou Madagascar).

Dareau (Maurice), à Paris, 40, rue des Saints-Pères, employé de commerce.

Delauney (Rémy), à Paris, 161, rue Saint-Jacques, élève de l'Institut National agronomique.

Delignon-Buffon (Lucien), 17, rue Chaptal, Paris, parti comme planteur en Annam à son compte.

Demarsy (Eugène), à Paris, 52, rue de Sèvres, né le 14 juillet 1876, élève à l'Ecole Coloniale, cours spéciaux de Madagascar.

Denais (Joseph), à Paris, 63, rue d'Amsterdam, agrégé de l'Université.

Descamps (Maurice), Paris, 143, rue de Rennes, étudiant à la Faculté des lettres.

Dionis du Séjour, à Paris, 23, rue Jacob.

Droin (Charles), 20, rue Lacépède, Paris, né le 22 juin 1875, à Auxerre, licencié en droit.

Duchêne (A.), 91, rue de Belleville, Paris, né le 22 juillet 1879, à Paris, employé de commerce, entendant l'anglais et l'espagnol, lisant l'allemand, employé à la Compagnie Française de l'Afrique Occidentale.

Dupuy-Volny (Louis), 207, boulevard Raspail, Paris, né le 13 septembre 1878, à Saint-Pierre de la Martinique, bachelier de l'enseignement secondaire classique, élève de l'Ecole Coloniale et de l'Ecole des Langues Orientales, étudiant l'anglais et l'annamite, prépare l'administration.

Ducrocq (Armand), à Paris, 55, boulevard Saint-Michel.

Duguet (Louis), à Paris, 81, rue Madame, né à Bordeaux, le 21 août 1878, bachelier ès-lettres, en droit, élève à l'Ecole Coloniale, prépare le commissariat colonial.

Etesse, 275, rue Saint-Jacques, né le 19 août 1878, à Yffiniac, bachelier de l'enseignement moderne (lettres et mathématiques), étudiant à l'Institut National Agronomique, comprenant l'anglais, partirait, mais pas avant 1900, comme agent d'agriculture.

Ferrand, à Paris, 24, rue des Fossés-Saint-Jacques, né à Rennes en 1875, bachelier moderne, parlant allemand, élève des cours préparatoires à l'Ecole Coloniale (C. P.).

Fidel (Camille-Jean), 25, rue Gustave-Courbet, né le 14 mai 1878, à Boulogne-sur-Seine, bachelier ès lettres, étudiant en droit, comprenant l'allemand et l'anglais (séjour d'un mois en Allemagne).

Franck (Lucien), à Paris, 12, rue de Beautreillis, né à Paris le 6 mai 1880, employé de commerce, parle l'allemand, désire situation comme agent commercial à Madagascar.

François (Georges), 36, boulevard Saint-Germain, rédacteur au Ministère des Colonies.

Gay (Apollon-Philippe), élève de l'Ecole Nationale d'Horticulture de Versailles, né le 21 février 1881, à Calais, entendant l'anglais, partirait pour la Tunisie comme agent d'agriculture.

Gibert (André), 49, rue Saint-Roch, né le 14 décembre 1873, à Reims, placier en soieries.

Gil, 58, rue Bonaparte, Paris, étudiant.

Gilles (Georges), à Paris, 12, rue des Ecoles, élève à l'Ecole Coloniale.

Gimpel (Charles), 17, rue de la Tour, né le 15 octobre 1864, à Strasbourg (Alsace), libéré du service militaire, employé de commerce, entendant bien l'anglais et l'allemand, part pour la Nouvelle-Calédonie, comme planteur.

Goby (Marc), à Paris, 7, rue d'Odessa, né à Nevers, le 4 juin 1879, bachelier ès-lettres, en droit, élève à l'Ecole Coloniale, prépare le commissariat colonial.

Godefroy (Joseph), Le Vésinet, 24, rue du Départ, secrétaire de l'Union Coloniale Française.

Grenard (Jules), 36, rue de Vaugirard, Paris, né le 8 février 1879, à Paris, bachelier ès lettres, étudiant en droit, élève de l'Ecole des Sciences Politiques, comprenant l'anglais, prépare l'administration coloniale.

Grenon (Pierre), 103, rue de la Chapelle, né à Rouen, le 10 octobre 1880, élève au collège Chaptal, comprenant l'allemand et l'anglais, partirait après son service militaire comme agent commercial pour la Côte occidentale d'Afrique ou le Soudan.

Guidou (Louis), 66, avenue de la Grande-Armée né à Paris, le 17 avril 1877, bachelier ès lettres, étudiant en droit, part en Nouvelle-Calédonie comme planteur.

Hasslauer (Victor), 8, rue l'avée, Paris, né en juillet 1878, à Paris, droguiste, parlant anglais, ayant passé dix mois en Angleterre, partirait comme agent commercial pour l'une de nos colonies.

Hellis (Eugène), à Paris, 2, rue Guichard.

Héraut (Victor), 9, rue Rateau, Paris, en cours d'études.

Heydenreich (Henri-Charles), 8, rue Chauveau-Lagarde, né le 16 avril 1880, à Vernon (Eure), bachelier de l'enseignement secondaire moderne, stagiaire pharmacien, comprenant l'allemand et l'anglais, partirait dans deux ou trois ans comme agent commercial ou industriel pour la Côte d'Afrique, ou de préférence Madagascar.

Jacob (Léon), Paris, 16, rue Monge, élève de la Faculté des lettres.

Jungfleisch (Marcel-Clément-Léon), 46, quai Henri IV, né à Paris, le 24 février 1879, bachelier de l'enseignement secondaire moderne (lettres et mathématiques), se prépare aux examens de l'Institut National Agronomique.

Jossier (René-Louis-Lucien), 5, rue d'Alençon, Paris, né le 15 septembre 1874, à Diges (Yonne), libéré du service militaire actif, bachelier ès lettres, diplômé de l'Ecole supérieure de commerce du Havre, élève à l'Ecole libre des sciences politique, vice-président de la « Ligue », parlant anglais, a fait plusieurs voyages d'études en Europe.

Lacolley (Auguste), à Paris, 21, rue de Douai, licencié en droit.

Lambert (Georges), à Paris, 21, avenue Mac-Mahon.

Lamoureux (Raoul), 10, rue de Tournon, Paris, en cours d'études.

Lamoureux (Alfred), 10, rue de Tournon, Paris, en cours d'études.

Lamaure de Lamirande (Paul), 22, rue de Tocqueville, Paris, né à Saint-Yrieix, (Haute-Vienne), sous-lieutenant de réserve dans la cavalerie, agent des douanes et régies en Cochinchine (4 années de séjour en Cochinchine).

Lapeltey (Pierre), 53, rue de l'Orangerie, à Versailles, né à Evreux, le 27 novembre 1880, Élève à l'École d'Horticulture de Versailles, comprenant l'anglais, candidat à l'École d'Agriculture de Tunis, partirait comme agent d'agriculture pour pratiquer à son compte dans l'avenir.

Larive (André), à Paris, 31, rue de Sèvres, navigue au long cours.

Laval (Jean), à Paris, 5, boulevard Latour-Maubourg.

Lavère (Lucien), 71, faubourg Saint-Martin, né à Paris, le 18 décembre 1878, candidat à l'École Centrale, irait aux Colonies comme agent d'une industrie, quand il sera en possession de son diplôme.

Le Cesne (Paul), à Paris, 12, rue de la Faisanderie, employé de la Compagnie française de l'Afrique Occidentale.

Lefrançois (Henri), à Paris, 19, avenue Bosquet.

Lederlin (Pierre), 70, rue d'Assas, Paris, né le 11 janvier 1877, à Thaon (Vosges), élève de l'Institut National agronomique, parlant couramment l'allemand, comprenant l'anglais, désire situation d'initiative comme agent.

Leprince (Rémy), 30, rue de Longchamps, Paris, né le 24 mars 1880, à Paris, représentant de commerce, irait dans l'une de nos colonies comme agent commercial.

Leroux (Jacques Leclère dit), 41, rue de l'Echiquier, Paris, né à Livry (S.-et-O.), le 30 août 1878, élève architecte, auditeur à l'École des Ponts et Chaussées, partirait, son service militaire accompli, comme commis ou conducteur des ponts et chaussées en Indo-Chine ou à défaut comme agent commercial ou d'industrie dans la même colonie.

Lessertisseux, auditeur des Cours commerciaux à l'École Coloniale, élève à l'École J.-B. Say.

Lhugnot, Paris, 10, rue Guy-de-la-Brosse, en cours d'études.

Mac-Langhlin (Horace), à Paris, 24, rue Visconti, en cours d'études.

Macquart (Emile-Henry), 108, boulevard de Clichy, Paris, né à Reims, le 24 février 1877, libéré du service militaire, diplômé de l'École supérieure de Commerce du Havre, Secrétaire à la Banque française de l'Afrique du Sud.

Main (Fernand-Marie-Albert-Robert), 6, rue Cadet, Paris, né le 22 novembre 1877, à Paris, bachelier ès-lettres, ès-sciences, élève de l'Institut national agronomique, parlant couramment l'anglais (court séjour en Angleterre) irait en Tunisie comme agent d'une industrie agricole.

Mann (Louis-Eugène-Mathias), 110, avenue du Maine, Paris, né le 2 janvier 1875, à Paris, libéré du service militaire, licencié ès-lettres (histoire et géographie), étudiant en lettres, lisant couramment l'allemand, partirait dans deux ou trois ans pour l'Algérie ou la Tunisie dans l'Enseignement.

Marais (E.), rue de la Muette à Maisons-Laffitte (Seine-et-Oise). Recherche une situation d'agent commercial aux colonies.

Masson (Pierre), à Versailles, 2, rue Maurepas, en cours d'études.

Mayer (Alfred), avenue Victoria, Paris, né à Paris, le 25 décembre 1879, bachelier ès-lettres, ès-sciences, élève de l'Institut national agronomique, parlant anglais et allemand, partirait pour l'Indo-Chine ou Madagascar pratiquer l'agriculture.

Melcesco (Etienne), à Paris, 3, passage Saint-Paul.

Mérie (Jean), Élève de l'Institut agronomique, né le 14 octobre 1875, à Brioude, libéré du service militaire. Bachelier ès-lettres, ès-sciences. Parle l'allemand et un peu l'anglais. Partirait comme agent d'agriculture dès le mois d'octobre 1898. (voir Verry).

Meynot, à Paris, 11, rue de La Chapelle, actuellement à Londres, dans une maison de commerce, partirait aux colonies comme agent commercial.

Mouille (Gaston), 93, rue de la Victoire, Paris, né le 5 septembre 1877, à Jassy, (Roumanie), baccalauréat de l'enseignement secondaire classique, parlant le roumain et comprenant l'allemand, partirait comme agent de commerce ou d'industrie pour l'une de nos colonies.

Mougin (Maurice), 59 *bis*, boulevard Sébastopol, employé de commerce.

Munier (René), à Paris, 1, rue Le Goff, en cours d'études.

Noë (de la), à Paris, 23, boulevard des Batignolles, bachelier de l'enseignement moderne, élève des cours préparatoires à l'École Coloniale.

Noufflard (Charles), 8, boulevard Flandrin, secrétaire de la rédaction de la *Quinzaine Coloniale*, président de la Ligue.

Noufflard (Robert), à Paris, 8 boulevard Flandrin, en cours d'études.

Orléans (Prince Henri d'), 27, rue Jean-Goujon, Paris.

Ott (Fernand), 54, rue de Rome, Paris, né le 27 octobre 1877, à Paris, élève de l'École des Hautes Études Commerciales, parlant allemand et anglais, séjours en Allemagne et en Angleterre, recherche une situation commerciale à Madagascar.

Paret, à Paris, employé au Crédit Lyonnais, à Londres.

Payan (Albert), à Paris, 30, rue Dulong, élève à l'École Polytechnique.

Payen (Edouard), à Paris, 17, rue des Prêtres-Saint-Germain-l'Auxerrois, rédacteur au journal des *Débats* et à l'*Economiste Français*.

Payet (François), 1, rue Fontaine, Paris, né à Saint-Louis de la Réunion, bachelier ès sciences, comprenant l'anglais, plusieurs séjours à la Réunion, en Calédonie et à Madagascar, actuellement sous les drapeaux (infanterie de marine).

Picard (Henri), à Paris, 28, rue Berthollet, né à Paris le 18 avril 1877, élève à l'École Coloniale, séjour en Allemagne et en Angleterre, prépare l'administration centrale ou celui des services pénitentiaires coloniaux, licencié en droit, lauréat du concours général.

Pégard (Pierre), 19, rue Descamps, à Paris, en cours d'études.

Pégard (Michel), à Paris, 1, rue Dupont-des-Losges, en cours d'études.

Péret (Pierre), à Paris, 20, rue Bréa, élève à la Faculté des Lettres.

Perret (Gaston), 54, rue de Vaugirard, né à Nantes le 2 novembre 1877, bachelier ès lettres, en droit, major à l'École Coloniale, section Indo-Chinoise, parlant l'anglais et comprenant l'annamite, ayant séjourné à la Guadeloupe et au Sénégal, partirait en 1900 dans le corps des résidents ou des administrateurs coloniaux.

Perrot (Pierre), Saint-Mandé, 21, rue Alphand.

Petit (Gustave), à Paris, 3, rue du Mont-Dore, né à Nice en 1882, élève du collège Chaptal. Prépare l'École Coloniale.

Pila (Fernand), boulevard Saint-Germain, Paris, licencié en droit et ès lettres, diplômé de l'École des Sciences politiques.

Poiret, 110, rue Denfert-Rochereau, né au Mans le 4 juin 1876, libéré du service militaire, bachelier ès lettres, ès sciences, diplômé de l'École des langues orientales vivantes, élève de l'École Coloniale, comprenant l'anglais et l'annamite, partira en juillet dans le corps des administrateurs ou des résidents d'Indo-Chine.

Potin (Henri), à Passy, 25, rue Jean-Jacques-Rousseau, né le 18 septembre 1877 à Paris, bachelier moderne, parle l'anglais, élève à l'École Coloniale.

Poujade, à Paris, 5, rue Cadet, employé de commerce.

Régismanset (Charles), 44, rue des Écoles, Paris, né le 22 juillet 1877, à Paris, en droit, licencié, 1er prix du concours général de droit, parlant l'allemand et ayant séjourné en Allemagne, vice-président de la Société des Anciens élèves et élèves de l'École coloniale.

Rigaut (André), à Paris, 166, faubourg Poissonnière, projette un établissement agricole et commercial dans une colonie de l'Afrique occidentale, à son compte.

Rodde (Charles), 61, rue Rochechouart, Paris, employé de commerce.

Robert (Pierre), 59 bis, rue Bonaparte, né le 25 juin 1879, à Montjean (Maine-et-Loire), parlant l'espagnol, le malgache et l'arabe, part au mois d'octobre 1898 pour la Guadeloupe pour faire un apprentissage agricole chez un planteur.

Roger (Jean-Jacques), à Paris, 62, rue Gay-Lussac, né à 13 août 1877, bachelier ès lettres, licencié en droit, parle l'espagnol, élève à l'École Coloniale.

Rouffie (Marcel), à Paris, 17, rue Lamartine, employé de commerce, actuellement en voyage d'études en Allemagne.

Ruedel (Marcel-Gustave), 161, rue Saint-Jacques, né le 13 mars 1879, à Paris, parlant allemand, séjours en Allemagne et en Tunisie, lauréat de l'Union Coloniale (bourse de voyage), licencié ès lettres, diplômé d'études supérieures d'histoire.

Samama (Eugène), à Paris, 21, rue de Rivoli.

Saussine, 80, rue d'Assas, Paris, né le 27 août 1876, à Nîmes, bachelier ès lettres, élève de l'École Coloniale, parlant l'espagnol, partirait comme administrateur en Indo-Chine.

Santiard (Pierre-Paul), à Paris, 3, rue du Pré-aux-Clercs, né le 28 novembre 1872, à Nolay (Côte-d'Or), médecin auxiliaire de réserve, externe des hôpitaux de Paris, parlant l'allemand, recherche une situation médicale aux colonies, (Algérie, Tunisie ou Nouvelle-Calédonie).

Sicot (Louis), à Brie-Comte-Robert (Seine-et-Marne), né le 12 mars 1880, à Brie-Comte-Robert, bachelier ès lettres, parlant allemand, se propose, à sa libération du service militaire, la carrière administrative en Indo-Chine.

Sicre de Fontbrune (Henri), 54, rue de Vaugirard (Paris), né le 31 août 1874, à Saint-Denis-de-la-Réunion, étudiant en droit, parlant l'Allemand, partira prochainement en Guinée Française pratiquer l'agriculture pour son compte.

Sellier (Albert), à Paris, 18, rue des Écoles.

Sellier (Édouard), à Paris, 18, rue des Écoles.

Tabournel (Raymond), à Paris, 74, rue de Seine, licencié en droit, vice-président de la Ligue Coloniale de la Jeunesse.

Taulle (Jules), chez M. Rolin, 61, faubourg Saint-Denis, à Paris, né le 20 février 1880, à Dormans (Marne), employé de commerce, comprenant l'espagnol, recherche une situation dans l'agriculture ou le commerce pour une de nos colonies du Pacifique ou Madagascar.

Thorcy (André de), à Paris, 16, avenue Bugeaud, étudiant en droit, projette un établissement à son compte en Nouvelle-Calédonie, partira au mois d'octobre.

Tiné (Édouard-François-Paco), 13, rue du Vieux-Colombier, Paris, né à Alger, le 14 mai 1876, licencié en droit, employé de commerce, comprenant l'anglais et l'espagnol, se propose de partir prochainement en Algérie pour exercer le commerce pour son compte.

Toqué (Georges-Émile-Eugène), 17, rue Beaubourg, Paris, né le 2 février 1874, à Lorient, élève de l'École Coloniale (section africaine), vice-trésorier de la Société des Anciens élèves et élèves de l'École coloniale, médaille d'argent de l'Union Coloniale française, parle l'espagnol, étudie l'anglais, l'arabe, le malgache, se propose la carrière administrative dans nos colonies d'Afrique, plus particulièrement sur la côte occidentale.

Trouillet (Jean-Marcel), à Paris, 51, rue Laffitte, né à Paris, le 8 mai 1874, libéré du service militaire, Élève breveté de l'École Coloniale, rédacteur à la *Dépêche Coloniale*, parlant

anglais, partira fin 1898 pour l'Indo-Chine comme agent de commerce.

Vallat (Charles de), à Paris, 1, rue Madame.

Vallée (Georges), 5, rue Messonnier, Les Lilas (Seine), né à Paris, le 1er avril 1880, ayant fait un stage dans le commerce d'exportation, parlant anglais et allemand, séjourne actuellement en Allemagne, partirait aux colonies aussitôt son service militaire terminé (situation commerciale).

Vaucheret (Amédée), à Paris, 8, rue Stanislas, agrégé de l'Université.

Vaucheret (Louis), à Paris, 8, rue Stanislas, en cours d'études.

Vaucheret (Jean), 8, rue Stanislas, à Paris, Ingénieur civil.

Vérondart (Paul), 15, carrefour de l'Odéon, Paris, né le 3 décembre 1875, à Creil (Oise), bachelier ès lettres, ès sciences, étudiant en droit, élève de l'École des Langues Orientales, parlant le Chinois lettré, irait comme agent d'une maison de commerce en Indo Chine.

Verry (François-Alexandre), élève de l'Institut National agronomique, né à Wassy (Haute-Marne), le 18 novembre 1875, bachelier ès sciences, parle l'allemand et l'anglais, partirait au mois d'octobre 1898 comme agent d'agriculture, de préférence en Algérie, Tunisie ou Indo-Chine. Désirerait un engagement chez un colon avec son ami M. Mérie.

Vesseyre (Paul), à Paris, 72, boulevard Malesherbes.

Vuccino (Jacques), 2, rue Cujas, Paris, né à Constantinople, le 25 février 1881, bachelier de l'enseignement secondaire moderne, candidat à l'École Nationale des Mines, entendant le roumain, l'allemand, l'anglais, à l'intention de se rendre dans le Haut-Oubanghi, pour exercer à son compte l'industrie minière, dès sa sortie de l'École.

Vuillet (Henri), 90, rue Caulaincourt, à Paris, né le 10 août 1881, à Paris, bachelier de l'enseignement moderne, candidat à l'Institut Agronomique, parlant couramment l'anglais, bien l'allemand et un peu l'espagnol partirait à la fin de 1901 comme agent d'agriculture.

Vuillet (Jean), 90, rue Caulaincourt, Paris, né le 31 septembre 1877, à Paris, élève de l'Institut Agronomique, comprenant l'anglais, partirait aussitôt son service militaire accompli, comme agent d'agriculture.

Watulski (Xavier), 166, boulevard Montparnasse, à Paris, né le 6 juin 1874, à Paris, bachelier ès sciences, élève de l'Institut Agronomique, parlant très bien l'espagnol, bien le polonais, assez bien l'anglais, ayant séjourné 18 ans au Pérou, libéré du service militaire, irait volontiers comme agent d'agriculture en Nouvelle-Calédonie ou dans nos possessions d'Afrique.

Wiesengrund (Armand), 78, rue Lafayette, né à Paris, le 15 mars 1879, ancien élève de l'École Commerciale de Paris, employé de banque, parlant l'anglais et l'allemand, séjours en Allemagne, 18 mois, en Angleterre, 2 mois, irait volontiers en Indo-Chine comme commis dans une banque coloniale, ou comme agent d'une maison de commerce.

Worms à Argenteuil, 1, rue de la Chaussée, employé de commerce.

GROUPES DE PROVINCE

GROUPE DE L'ÉCOLE DE GRIGNON

Azémard (Gaston), à Grignon (S.-et-O.), né le 5 juillet 1878, à Périgueux, élève à l'École nationale d'agriculture, partirait en 1899 ou 1900 comme agent d'agriculture.

Barillet (Delphin), à Grignon (S.-et-O.), né le 6 octobre 1874 à Usson-du-Poitou (Vienne), libéré du service actif, élève de l'École nationale d'agriculture, recherche une situation dans l'agriculture à Madagascar ou en Nouvelle-Calédonie.

Baudony (Pierre-Casimir), à Grignon (S.-et-O.), né le 7 février, 1879 à Vernet (Ariège), élève à l'Ecole nationale d'agriculture, comprenant l'espagnol, partirait comme agent d'agriculture.

Chapelle (Albert), à Grignon (S.-et-O.), né le 2 juin 1879, à Paris, libéré du service militaire actif, élève à l'Ecole nationale d'agriculture, partirait comme agent d'agriculture en Algérie ou en Tunisie.

Claveau (Léon-Louis-Alphonse), à Grignon (S.-et-O.), né le 17 mai 1876, à Rodez (Aveyron), dispensé du service militaire, élève à l'Ecole nationale d'agriculture, parlant l'allemand, après une année d'étude à l'Ecole Coloniale, serait heureux d'être attaché comme agent d'agriculture dans une colonie d'Afrique.

Cornet (Henri), à Grignon (S.-et-O.), né le 5 janvier 1884, à Paimbœuf (Loire-Inférieure), élève à l'Ecole nationale d'agriculture, partirait à sa sortie de l'Ecole comme agent d'agriculture dans l'Afrique du Nord ou la Nouvelle-Calédonie.

Couston (Fernand-Léon-Alphonse), cours du Tivoli à Valréas (Vaucluse), né le 11 novembre 1878, à Paris, diplômé de l'Ecole d'agriculture d'Avignon, élève à l'Ecole nationale de Grignon, comprenant l'anglais, partirait aux Colonies après son service militaire.

Delorme (Emile-Eugène), à Grignon (S.-et-O.), né le août 1879, à Bravets, par Cusset (Allier), élève à l'Ecole nationale d'agriculture, partirait comme agent d'agriculture.

Ferrand (Henri-François-Joseph), à Grignon (S.-et-O.), né à Marçon (Sarthe), le 6 mai 1880, élève à l'Ecole nationale d'agriculture, possédant des notions d'anglais partirait comme agent d'agriculture, de préférence en Algérie ou en Tunisie.

Gizolme (Léon-Pierre), à Grignon (S.-et-O.), né à Barres, canton d'Andelat (Cantal), le 6 mars 1875, libéré du service actif, bachelier de l'enseignement moderne, élève de l'Ecole nationale d'agriculture, parlant anglais, partirait comme agent d'agriculture ou comme professeur dans l'une de nos colonies.

Gourenchas (Paul) à Grignon (Grignon (S.-et-O.), né à Chalus (Haute-Vienne), le 18 juin 1877, élève à l'Ecole nationale d'agriculture, parle l'italien.

Guiraud (Edouard-Antoine), à Grignon (S.-et-O.), né le 3 mars 1878, à Camps-(Gironde), élève à l'Ecole nationale d'agriculture, connaissant l'anglais et l'allemand, serait prêt en 1900 à partir pour Madagascar, la Tunisie ou l'Algérie.

Jacob (Ferdinand-Gabriel), à Grignon (S.-et-O.), né le 5 avril 1879, à Paris, bachelier ès-sciences, élève à l'Ecole nationale d'agriculture, parlant anglais, partirait comme agent d'agriculture en Algérie ou en Tunisie.

Jouans (Constant), à Grignon (S.-et-O.), né à Larnaud, par Bletterans (Jura), le 5 novembre 1878, élève à l'Ecole nationale d'agriculture, parlant l'allemand, partirait comme agent d'agriculture.

Lafitte (Charles), à Grignon (S.-et-O.), né à Reims, le 8 mai 1878, élève à l'Ecole nationale d'agriculture, comprenant l'allemand, projete un établissement pour son compte à Madagascar.

Marquès (Georges-Léon), à Grignon (S.-et-O.), né à San-Fransisco, le 26 juillet 1877, élève à l'Ecole nationale d'agriculture, parlant l'anglais ou l'espagnol, partirait en 1900 comme agent d'agriculture avant d'exploiter pour son compte en Indo-Chine, Madagascar ou Nouvelle-Calédonie.

Marreo (Jean-Yves-Guillaume), à Grignon (S.-et-O.), né à Plouru par Morlaix, le 26 septembre 1875, bachelier de l'enseignement secondaire spécial, élève à l'Ecole nationale d'agriculture, entendant l'anglais, irait comme agent commercial ou d'agriculture au Tonkin ou aux Antilles.

Mermilliod (Emile-Jules-Louis), 29, rue Godot-de-Mauroy, Paris, né le 21 janvier 1878, à Paris, dispensé du service militaire, bachelier ès-lettres, élève à l'Ecole nationale d'Agriculture, parlant allemand, projette un établissement pour son compte en Tunisie.

Picot (Léon), à Grignon (Seine-et-Oise), né en 1874, à Champerrie (Orne), élève à l'Ecole Nationale d'Agriculture, partirait comme agent d'agriculture.

Portet (Benjamin), à Grignon (Seine-et-Oise), né le 22 octobre 1877, à Mauzé-Thouarsais (Deux-Sèvres), diplômé d'Ecoles pratiques d'Agriculture, élève à l'Ecole Nationale d'Agriculture, partirait comme agent d'exploitation en Algérie ou en Tunisie.

Robinet (Pierre), à Grignon, (Seine-et-Oise), né le 2 septembre 1878, à Bruges, (Cote-d'Or), diplômé comme viticulteur, élève à l'Ecole Nationale d'Agriculture, partirait comme agent d'exploitation en Tunisie ou en Nouvelle-Calédonie.

Thomas (Ludovic), à Grignon (Seine-et-Oise), né le 15 décembre 1879, à Carmaux (Tarn), élève à l'Ecole Nationale d'Agriculture, comprenant l'espagnol, partirait comme agent d'agriculture.

Veldellet (Ferdinand-Edouard), à Grignon (Seine-et-Oise), né le 22 février 1880, à Paris, élève à l'Ecole Nationale d'Agriculture désirerait aller en Algérie ou en Tunisie, d'abord comme agent d'agriculture avant d'exploiter pour son compte.

Vermay (Pierre-Paul), à Grignon (Seine-et-Oise), né le 24 juillet 1874, à Cerdon (Ain), libéré du service militaire actif, bachelier ès-lettres, élève à l'Ecole Nationale d'Agriculture, parlant allemand, partirait comme agent d'agriculture en Afrique.

Vernet (Georges-Armand), à Grignon (Seine-et-Oise), né à Cannes, le 9 juin 1877, dispensé du service militaire, bachelier ès-sciences, élève à l'Ecole Nationale d'Agriculture, partirait comme agent d'agriculture en Indo-Chine ou dans le Sud-Africain, à partir de 1900.

GROUPE DU HAVRE

Accolas (Raymond), Le Havre, 15, rue du Lycée, né à Evreux, le 9 avril 1879, candidat à l'Ecole supérieure de Commerce du Havre, désire trouver une situation en Indo-Chine ou à Madagascar.

Blanchard (Maurice-Henri), Le Havre, 2, rue Sainte-Adresse, né le 17 juillet 1876, à Pacy-sur-Eure, bachelier ès-sciences, élève de l'Ecole supérieure de Commerce du Havre, libéré du service militaire, parlant un peu l'allemand et l'espagnol, partirait comme agent commercial vers 1900.

Baudonnière (Victor), Le Havre, 46, rue Bernardin-de-Saint-Pierre, né le 4 décembre 1878, à Angers (Maine-et-Loire), bachelier de l'enseignement secondaire moderne, élève de l'Ecole supérieure de Commerce du Havre, partirait comme agent de commerce ou d'industrie dans l'une de nos colonies.

Breugnot (Maurice), Le Havre, 21, rue Gustave-Flaubert, élève de l'Ecole supérieure de Commerce.

Chatel (Maurice), Le Havre, 7 bis, impasse de La Martinique, diplômé de l'Ecole supérieure de Commerce, employé de commerce.

Cliquet (Edouard), Le Havre, 136, rue du Perret, né le 13 février 1881, à Roubaix, bachelier ès-sciences, ès-lettres, parlant anglais, allemand, espagnol, partirait comme agent de commerce, d'administration ou de banque en Algérie, Tunisie ou Indo-Chine.

Grouzet (Maurice), Le Havre, 65, rue Lesueur, élève de l'Ecole supérieure de Commerce.

Doumerc (Théo), Le Havre, 55, boulevard de Strasbourg, diplômé de l'Ecole supérieure de Commerce, courtier en marchandises, parlant l'anglais, l'allemand et l'italien.

Dupont (Pierre), Le Havre, 35, rue Victor-Hugo, élève de l'Ecole supérieure de commerce.

Dusseuil, Le Havre, 13, rue de la Ferme, négociant.

Gérard, Le Havre, rue de Bapaume, négociant, ancien élève de l'Ecole supérieure de Commerce.

Gedreuil (Paul), Deauville, inspecteur d'assurances.

Marquezy (Jean), Le Havre, maison Kronheimer, ancien élève de l'Ecole supérieure de Commerce.

Menestrel (Paul), Le Havre, 59, rue de Phalsbourg, élève à l'Ecole supérieure de Commerce.

Meyer (Raoul), Le Havre, rue St-Evelin, Courtier en marchandises.

Momiron (Emile), Le Havre, hôtel de Dieppe, 76, rue de Paris, né le 27 février 1877, à Cérilly (Allier), libre de tout service militaire, partirait le plus tôt possible pour une de nos colonies (Commerce ou Industrie), possède un petit capital qui lui permettrait de s'intéresser à une affaire sérieuse.

Noguère (Louis) Le Havre, 7, rue Diquemare, étudiant.

Pélard, Le Havre, 12, rue de Noyers, étudiant.

Pichon, Le Havre, 46, rue Bernardin-de-St-Pierre, élève à l'Ecole Supérieure de Commerce.

Pollivuyt (Charles), Le Havre, 3, rue Jeanne-d'Arc, élève à l'Ecole de Commerce.

Haas (Georges), Le Havre, place Carnot, courtier ; ancien élève de l'Ecole supérieure de Commerce.

Harou (Philippe), Le Havre, 149, rue de Normandie, employé d'assurances.

Harou (Henri), Le Havre, 149, rue de Normandie, assureur, ancien élève de l'Ecole supérieure de Commerce.

Herrouet, Le Havre, 46, rue Bernardin-de-St-Pierre, élève de l'Ecole supérieure de Commerce.

Houlé (Antoine), à Deauville, notaire.

Jacquiez (Emile), Le Havre, 21, rue Gustave-Flaubert, parlant allemand, élève à l'Ecole supérieure de Commerce.

Lafaurie (Charles), Le Havre, rue de Bordeaux, ancien élève de l'Ecole supérieure de Commerce, négociant.

Larue (Lucien), Le Havre, 55, boulevard de Strasbourg, élève à l'Ecole supérieure de Commerce.

Latham (Raoul), Le Havre, 30, rue de la Côte, élève à l'Ecole supérieure de Commerce.

Le Chevalier, à Sauvic par le Havre, 48, rue Thiers, étudiant.

Lecouffe (Henri), chez M. Bertrand, entrepositaire, Le Havre, ancien élève de l'Ecole supérieure de Commerce.

Luce (Joseph), Le Havre, caserne des Douanes, élève à l'Ecole supérieure de Commerce.

Malhère (Jaymes), Le Havre, 32, rue de Paris, élève à l'Ecole de Commerce, parle anglais, allemand, espagnol.

Monsallier, Le Havre, 46, rue Frédéric-Lemaître, élève à l'Ecole d'Hydrographie.

Mouchotte, Le Havre, 70 boulevard François Ier, élève à l'Ecole supérieure de Commerce.

Nicole (Emmanuel), Le Havre, rue de la Bourse, ancien élève de l'Ecole supérieure de Commerce, de la Maison Raoul Nicole et Cie.

Nicole (Raoul), Le Havre, rue de la Bourse, de la Maison Raoul Nicole et Cie.

Quinchez (Lucien), Le Havre, chez M. Hofmann, impasse Quesnay, né à Sedan, le 14 mars 1880, fait un stage commercial, parle l'anglais et l'allemand, a séjourné dix-huit mois en Allemagne, partirait dans trois ans comme agent commercial pour la Cochinchine.

Rabaté, Le Havre, 55, boulevard de Strasbourg, élève à l'Ecole supérieure de Commerce.

Ruault, Le Havre, 41, rue d'Epremenil, né le 4 novembre 1881, au Havre, élève à l'Ecole supérieure de Commerce, parle l'anglais.

Saleine (Henri), Le Havre, aide commissaire colonial.

Sellier (Charles), Le Havre, 103, boulevard de Strasbourg, employé de commerce.

Thibault (Gaston), Le Havre, 34, rue de Paris, né le 13 février 1880, au Havre, élève à l'Ecole supérieure de Commerce, parle l'anglais et l'espagnol.

Tinel (Paul-R.), Le Havre, 75, rue de Montivilliers, ancien élève de l'Ecole de Commerce, courtier en marchandises.

Troupeau (Le Havre), étudiant.

GROUPE DE RENNES

Artus (Emile), Ecole d'agriculture de Rennes.

Bodin (Henri), commune de Coussay, par Mirebeau (Vienne), né le 20 mars 1878, à Coussay, bachelier de l'enseignement moderne, élève à l'Ecole nationale d'agriculture de Rennes, partirait en Annam pour exploiter à son compte après sa libération du service militaire.

Boquien (Gabriel), 16, rue Hoche, à Rennes, né le 19 décembre 1877, à Basse-Indre (Loire-Inférieure), bachelier ès lettres, élève à l'Ecole nationale d'agriculture de Rennes.

Cencelme (Charles-Henri), avenue de la Gare, à Lons-le-Saulnier, né le 19 octobre 1878, à Belfort (Haut-Rhin), étudiant en agriculture, parlant anglais et allemand, séjours en Allemagne, partirait pour son compte à Madagascar après sa libération du service militaire.

Chauveau (Alphonse-Octave-Jean-Baptiste), né le 17 décembre 1874, à Linlez (Indre), libéré du service militaire actif, diplômé de Ferme-Ecole, élève à l'Ecole nationale d'agriculture de Rennes, partirait comme agent d'agriculture en Tunisie.

Coppens (Albert-Georges), 85, rue de Lorient, à Rennes, né le 13 mai 1880, à Rennes, élève à l'Ecole d'agriculture de Rennes, partirait dans l'une de nos colonies comme agent d'agriculture après son service militaire.

Dieulec (Jacques), rue Tournemine, Rennes, né à Saint-Etienne, élève à l'Ecole nationale d'agriculture de Rennes, partirait comme agent d'agriculture.

Dezaunay (Henri), 1, rue d'Argentré, Nantes, né le 19 mars 1879, à Blois (Loir-et-Cher), bachelier ès sciences, élève à l'Ecole d'agriculture de Rennes, partirait en Algérie ou en Tunisie, après son service militaire comme agent d'agriculture.

Donnadieu (Henri), 52, rue du Mail, Rennes, né le 22 février 1879, à Paris, diplômé de l'Ecole pratique d'agriculture du Chesnoy, étudiant en agriculture, partirait aux colonies pratiquer l'agriculture ou l'élevage.

Ferey (Georges), Ecole d'agriculture de Rennes, né en 1880, à Chauny (Aisne), diplômé de l'Ecole pratique d'agriculture, partirait comme agent d'agriculture à Madagascar.

Géroy (Maurice), Saint-Hilaire-sur-Yorre (Eure-et-Loir), né le 3 août 1879, à Saint-Hilaire-sur-Yorre, diplômé de l'Ecole pratique d'agriculture, étudiant en agriculture, candidat à l'Ecole d'agriculture de Tunis.

Gibier (Louis), 62, rue du Mail, Rennes, né en juillet 1875, Paris, libéré du service militaire actif, diplômé de l'Ecole pratique d'agriculture, étudiant en agriculture, partirait comme agent d'administration ou d'agriculture en Tunisie ou au Tonkin.

Hochedez (Victor), à Villerseau, par Cauly (Oise), né à Villerseau, le 9 avril 1880, élève à l'Ecole nationale d'agriculture de Rennes, partirait en Algérie après son service militaire pour son compte.

La Bruchollerie (Charles-Yves de), à Mont-Saint-Aignan, près Rouen, né le 27 octobre 1876, au Havre, étudiant à l'Ecole d'agriculture de Rennes, irait au Tonkin à sa sortie de l'Ecole comme agent d'agriculture.

Lafay (Julien), à l'Ecole nationale d'agriculture de Rennes, né le 16 février 1880, à Saint-Etienne-de-Frissac (Creuse), partirait comme agent d'agriculture en Tunisie.

Lafont (Paul), à Ligneux, par Lorges (Dordogne), né à Ligneux en janvier 1879, diplômé de l'École pratique d'agriculture, élève à l'École nationale d'agriculture de Rennes, parlant l'anglais, irait après son service militaire comme agent d'agriculture, soit en Tunisie, soit à Madagascar.

Lainé (Lucien), 59, boulevard de la République, Reims, diplômé de l'École pratique d'agriculture, élève à l'École nationale d'agriculture de Rennes, parlant l'allemand, irait, à sa sortie de l'école, en Tunisie comme agent d'agriculture.

Lamarche (H.), 28, rue Guersant, Paris, né le 29 mai 1875, à Paris, libéré du service militaire, élève à l'École Nationale d'Agriculture de Rennes, irait à sa sortie de l'École, d'abord comme agent d'agriculture, dans l'une de nos colonies indifféremment.

Laure (J.), École d'Agriculture de Rennes.

Le Boulbin (Yves-Marie), élève à l'École Nationale d'Agriculture de Rennes, né le 20 mars 1879, à Saint-Agathon, près Guingamp, parlant l'anglais, irait, en possession de son diplôme, dans l'une de nos colonies indifféremment comme agent d'agriculture.

Mazières (Élie), élève à l'École Nationale d'Agriculture de Rennes, né le 18 janvier 1879, à Chancelade, près Périgueux (Dordogne), irait, après son service militaire, comme agent d'agriculture en Algérie, au Congo ou en Nouvelle-Calédonie.

Mesnil (Maurice), 60, rue de Vaugirard, Paris, né le 14 juin 1875, à Drucourt (Eure), libéré du service militaire, élève à l'École Nationale d'Agriculture de Rennes, parlant l'allemand, partirait comme agent d'agriculture en Algérie ou en Tunisie dès sa sortie de l'École.

Métayer (Isaïe), élève à l'École Nationale d'Agriculture de Rennes, né le 2 juillet 1878, à Champigny-le-Sec (Vienne), partirait comme agent d'agriculture en Algérie ou Tunisie sitôt libéré du service militaire en 1900.

Morel (Gustave), élève à l'École Nationale d'Agriculture, né le 22 octobre 1878, à Auchel (Pas-de-Calais), diplômé de l'École Pratique d'Agriculture, partirait comme agent d'agriculture ou comme régisseur en Tunisie.

Pesle (Émile), à Guipy, par Corbigny (Nièvre), né le 3 février 1878, à Guipy, diplômé de l'École Pratique d'Agriculture de Rennes partirait, après son service militaire, comme agent d'agriculture, dans l'une de nos possessions d'Afrique.

Pichon-Gaulven, École d'Agriculture de Rennes.

Pierlot (Jules), Amagne-Village (Ardennes), élève à l'École Nationale d'Agriculture de Rennes, irait, comme agent d'agriculture, après son service militaire, dans une de nos colonies indifféremment,

Riberolles (Louis de), château de Ranel, par Lezoux (Puy-de-Dôme), né à Thiers, le 14 octobre 1870, bachelier ès lettres, élève à l'École Nationale d'Agriculture de Rennes, libéré du service militaire.

Rendu (Ambroise), élève à l'École d'Agriculture de Rennes.

Savin (Ernest), élève à l'École d'Agriculture de Rennes.

Vallée (Georges), élève à l'École d'Agriculture de Rennes.

Verset (Lucien), 21, rue Lamothe-Piquet, Nantes, né à Nantes, le 18 octobre 1878, élève à l'École Nationale d'Agriculture de Rennes, irait en 1901, pratiquer l'agriculture, soit comme agent, soit à son compte, en Algérie ou en Tunisie.

Vinet (Jean-Marie), à la Blanchetais, par Blain (Loire-Inférieure), né le 11 novembre 1878, à Blain, élève à l'École Nationale d'Agriculture de Rennes, irait, son service militaire accompli, en Algérie, comme agent d'agriculture.

GROUPES EN FORMATION

GROUPE DE CAEN

Aussy (Charles), à Quillebœuf, clerc d'avoué.

Dutacq (F.), élève de rhétorique supérieure au lycée Malherbe, Caen, se destine à l'enseignement de l'histoire et de la géographie.

Lecocq (Pierre), élève au lycée Malherbe, à Caen.

Le Hartel (Albert), à Bayeux, rue de la République, négociant en spiritueux.

GROUPE DE LYON

Beaujard (André), 1, rue Saint-Dominique, étudiant.

Bouton (Georges), à Lyon, 50, rue Pierre-Corneille, élève à l'École supérieure de Commerce.

Brenier (Henri), à Lyon, 17, Cours Morand, Directeur de la Mission lyonnaise en Chine.

Debilly (Claudius), à Chessy-les-Mines (Rhône), Docteur en droit.

Gojon (Louis), à Thonon-les-Bains (Haute-Savoie), né le 27 août 1875, à Saint-Julien (Haute-Savoie), bachelier ès-lettres, élève à l'École de Commerce de Lyon, entendant quelque peu l'anglais et l'allemand, court séjour en Angleterre, libéré du service actif, partirait comme agent du commerce dans l'une de nos colonies.

Muller (Charles-Claude-Benoît), à Lyon, 93, rue Malesherbes, né le 5 juillet 1879 à Lyon, diplômé de l'École de Commerce de Lyon, employé de commerce, parlant anglais et allemand.

Périchon (Joseph), à Lyon, 6, quai de la Gare-d'Eau, ancien élève de l'École supérieure de Commerce, négociant en grains et farines.

Perrot (Charles), à Lyon, 15, quai de la Gare-d'Eau, étudiant en médecine, désire s'établir aux colonies.

Théral (Charles), à Lyon, 15, cours Gambetta, étudiant.

Trunel (Antoine), à Lyon, 6, rue de la République, ancien élève de l'École supérieure de Commerce ; parle allemand.

Vigoureux (Henri), à Lyon, 46, rue Saint-Joseph, élève à l'École supérieure de Commerce.

Vurpas (Claudius), à Lyon, 5, rue Roquette, étudiant en médecine.

GROUPE DE ROUEN

Bruchollerie (Jean-Antonin-Marie, Yver de la), à Mont-Saint-Aignan près Rouen, 6, rue de Crimée, né le 12 février 1875 au Havre, bachelier ès-lettres, employé de Commerce, parlant anglais (un an en Angleterre) recherche une situation dans le commerce ou dans la banque en Indo-Chine.

Delafond (Gustave), à Rouen, 23, place Carnot, né à Rouen le 17 mars 1870, bachelier ès-sciences, diplômé de l'École supérieure de Commerce du Havre, parlant anglais, allemand, espagnol (une année en Angleterre, en Allemagne, en Espagne), libéré du service actif.

Goupil (Georges), ancien élève de l'École supérieure de Commerce du Havre, assureur.

Layer (Marcel-Marie-Raoul), à Rouen, 81, rue Bouvreuil, né le 8 décembre 1881, à Rouen, candidat aux Écoles d'Agriculture, se propose de pratiquer l'agriculture pour son compte aux colonies, sitôt libéré du service militaire,

DIVERS

Asselineau (Adrien), 17, rue Guibal, Béziers, [docteur en droit, avocat à Béziers.

Benoit (Pierre), à Bennac, commune de Montrozier (Aveyron), docteur en droit, avocat à Toulouse, étudie les questions coloniales pour son compte.

Bonamour (Adolphe), étudiant à Constantine (Algérie).

Bernard (Constant), 55, rue Pierre-Motte, à Roubaix, né à Roubaix, le 26 juillet 1871, bachelier ès-lettres, ès-sciences, ingénieur des Arts et Manufactures (E. c. d.), parti le 25 juin 1898 pour Madagascar (Voyage d'études).

Bessède (Robert), à Marseille, boulevard Péreire.

Buzonnières (Claude de), château de Boisondy, par Angrault, Indre (actuellement à Madagascar).

Desguillaume (Louis), à Saint-Etienne, 35, rue du Treuil, né le 6 juin 1876, à Saint-Etienne, libéré du service militaire, agronome, dessinateur, industriel, parti le 1er juillet 1898 en Algérie (agriculture).

Fieux (Léon), Lons-le-Saulnier, 18, rue Rouget-de-l'Isle, négociant.

Forgeot (André), à Londres, 109, brook street Remington, employé de commerce.

Girard (L.), élève au lycée d'Evreux.

Goutet (Georges), avocat à Clermont-Ferrand.

Hurpeau (René), Moulin du Roy (Sens), ancien élève de l'Ecole supérieure de commerce du Havre.

Mairesse (Paul), à Catillon (Nord), né au Cateau (Nord), le 13 mai 1873, parlant l'arabe et l'italien, ayant séjourné en Algérie et en Tunisie, compte faire un voyage d'études en Guinée, pour, dans la suite, pratiquer l'agriculture à son compte.

Moin, 8, place Recouvrance, à Orléans.

Ollié (Paul), à Béziers, 61, avenue de Béziers.

Rabaud (Louis-Marc), à Hanoï (Tonkin), né le 11 septembre 1800, à Bordeaux, bachelier ès-lettres, entendant l'anglais, séjours aux Colonies, en Angleterre (notamment sept ans au Sénégal), actuellement directeur de la Compagnie Lyonnaise Indo-Chinoise au Tonkin.

Rancourt (Gabriel de), 28, rue Charles-Sanglier, Orléans, (actuellement à Madagascar).

Reynaud (Léonce), colon en Nouvelle-Calédonie.

Rousseau (Louis), à Sermaises, par Argeville (Loiret).

Vial (Alexis), à Hanoï, né le 16 octobre 1870, à Voiron (Isère), bachelier ès-sciences, directeur de la Compagnie Lyonnaise Indo-Chinoise au Tonkin.

BULLETIN D'ADHÉSION

Je soussigné, déclare adhérer aux Statuts de **LA LIGUE COLONIALE DE LA JEUNESSE**, et demande à être inscrit parmi ses membres en qualité de membre (1)

Je déclare, en outre, vouloir effectuer le paiement de la cotisation en   fois. (2)

SIGNATURE (3)

Nom _______________________________

Adresse ___________________________

Résidence _________________________

(1) La « Ligue » comprend des Membres		COTISATIONS annuelles (1)	Souscription une fois versée
	Fondateurs		500 fr.
	Bienfaiteurs	25 fr.	300 »
	Actifs	6 »	100 »

(2) Les cotisations annuelles sont exigibles intégralement dans le trimestre de la souscription. Toutefois les membres actifs sont autorisés à l'acquitter en 3 versements de 2 francs.

(3) Prière de retourner ce bulletin rempli, à M. le Président de la *Ligue Coloniale de la Jeunesse*, 44, rue de la Chaussée-d'Antin, PARIS.

BULLETIN DE SOUSCRIPTION AUX BOURSES DE LA LIGUE (1)

Je soussigné, déclare m'inscrire comme donateur du fonds spécial affecté aux BOURSES de la LIGUE COLONIALE DE LA JEUNESSE, pour la somme de (2)   payable annuellement ou (3) en une fois, que je joins ci-inclus en un mandat ou bon de poste.

Je déclare en outre affecter cette souscription au profit des membres du groupe local de

SIGNATURE.

Nom _______________________________

Profession _________________________

Résidence _________________________

(1) Application du § 3 de l'article 2 et du § 3 de l'article 24 des statuts.
(2) Le minimum des souscriptions est fixé à 5 francs.
(3) Annuler l'une ou l'autre de ces mentions.

QUESTIONNAIRE

1. Nom et prénoms :

2. Adresse :

3. Date et lieu de naissance :

4. Date d'entrée à la Ligue :

5. Situation militaire :

6. Diplômes et titres :

7. Profession (si l'on est étudiant, indiquer en quoi) :

8. Langues étrangères (parlées ou comprises ?) :

9. Séjours à l'étranger :

10. A quelle époque pourra-t-on partir aux colonies ?

11. Quelle situation désire-t-on y avoir ?
(Agriculture, Commerce, Industrie, Administration.)

12. Pour son compte ou comme agent ?

13. Dans quelle colonie ou dans quelle groupe de colonies ?

14. Observations particulières :

15. Autorisez-vous la publication des renseignements ci-dessus ?

Fait à

Prière de remplir ce questionnaire et de le retourner au Président de à Ligue
44, rue de la Chaussée-d'Antin, Paris.

PARIS. — IMPRIMERIE PAUL DUPONT,
19, rue du Croissant, 19.

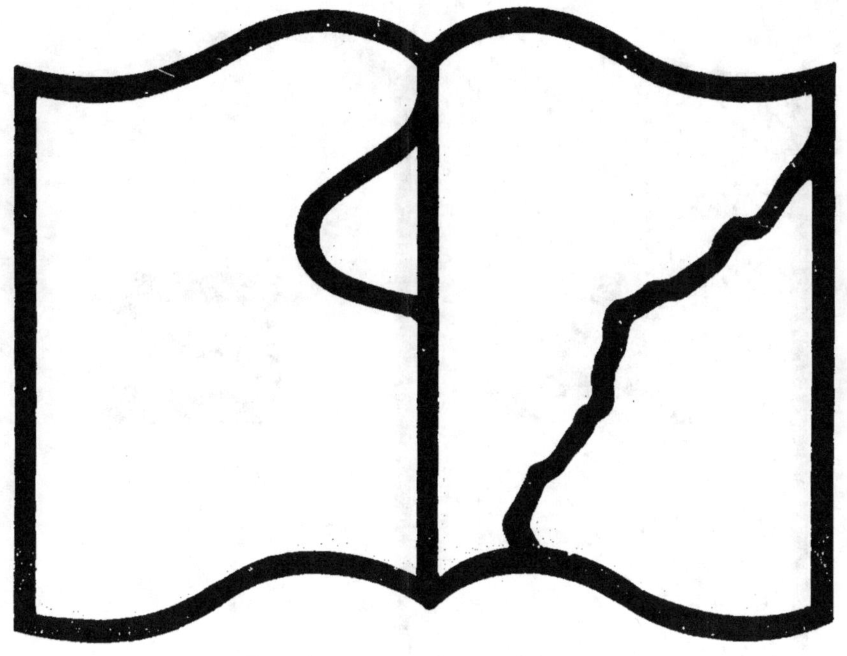

Texte détérioré — reliure défectueuse

NF Z 43-120-11

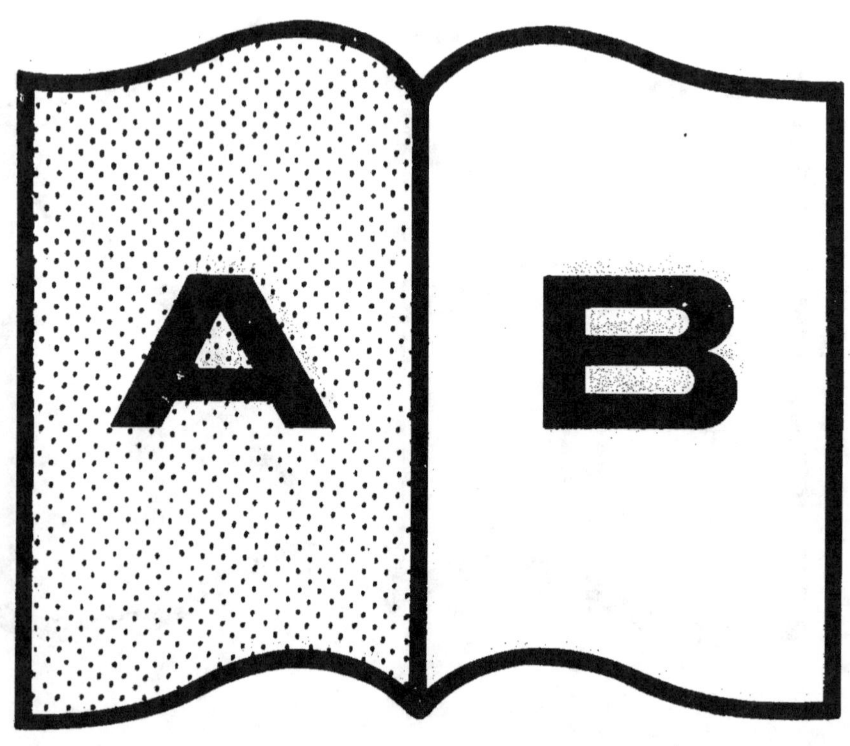

Contraste insuffisant

NF Z 43-120-14